この素晴らしき「気」の世界

気と繋がる、あなたは今を超える！

清水義久〈語り〉
山崎佐弓〈聞き書き〉

風雲舎

（刊行に寄せて）

清水義久さんは「魔法学校の学長」さん

天外　伺朗

ベストセラーになった『ハリー・ポッター』は、主人公が「ホグワーツ魔法魔術学校」に入学するところからストーリーが始まる。

清水義久さんは、「魔法学校の学長」という形容がピッタリくる。彼の気功教室は、さまざまな魔法の実技と理論背景を教えてもらえる「魔法学校」だし、私や本書の編集を担当した山崎佐弓さんは、さしずめ魔法学校の生徒だ。

学長と呼ぶくらいだから、彼は魔法の実技に優れ、理論背景にも詳しい。彼の家に行くと、そこらの図書館もかなわないくらいの「怪しい本」が溢れている。

気功法からスタートしているが、道教、仏教、古神道をマスターし、キリスト教、ユダヤ教、イスラム教、ヒンズー教、ゾロアスター教などの秘教的な部分を調べ上げ、神智学、人智学、数秘術、西洋魔術、各種占星術に精通している。

世界中探しても、これほど「怪しい世界に詳しい人」はいないだろう。しかも彼のすごいところは、それらの膨大な知識を単に獲得しただけではなく、実技として身体的に把握し、自分でもできるところまで修練を積んでいることだ。

その清水義久さんが、あちこちで断片的にしたお話を、山崎佐弓さんが一冊の本としてまとめ上げてくれた。科学一辺倒で凝り固まった頭で読むと、拒絶反応が出てくるかもしれないが、あなたの人生を豊かにするヒントがいっぱい詰まっている。

おもしろ半分にやってみることをお薦めする。


（てんげ・しろう　「ホロトロピック・ネットワーク」「天外塾」主宰）

（はじめに）

気功は、体も心も運命も変えていく

清水　義久

気功の「気」は「目に見えないもの」を示し、「功」はトレーニングするということで、「目に見えないものをトレーニングすることで気を体得すること」が「気功」の本質だ。簡単な例として、気のボールをつくり、その微細なエネルギーを感じ取るように練習する。シンプルな訓練でも数カ月続けると、驚くほど効果が出る。体も心も元気になってくる。心配事が気にならなくなり、ストレスが消える。大げさに言えば、気功は運命も変えていく。

さて、「功」は動功や呼吸法ばかりでなく、気を感受するすべてを示している。太陽や月のエネルギーを五感で感じとって、目に見えない樹木や花のエネルギーに触れる。すなわち森羅万象の「気」を受け止め、宇宙とひとつになることを目指している。

いまから二十数年前に、群馬で、船井幸雄《ふないゆきお》先生に触発された人たちが自然発生的に集まって「近未来研究会」というグループができた。ぼくもその運営に関わった。当時、船井先生の著書に紹介された方々を講師として招き、講演会を開催し、五年ほど活動していた。ぼくたちはその活動を、見えない気の世界を通した「最先端の科学」と呼んではいたが、世間的にはまだ認知されていない分野が多く、オカルト的と陰口をたたかれた。

　船井幸雄先生はじめ、工学者の政木和三《まさきかずみ》先生、フーチの古村豊治《こむらとよはる》先生、サイ科学の関英夫《せきひでお》先生、速読の植原紘治《うえはらこうじ》先生、宇宙の法則の知花敏彦《ちばなとしひこ》先生、ノストラダムスの予言の池田邦吉《いけだくによし》先生、新体道の青木宏之《あおきひろゆき》先生、「あの世の科学」の天外伺朗《てんげしろう》先生など二十名近くの講師を招き、気功は矢山利彦《ややまとしひこ》先生の指導のもとに毎年開催された。

　船井先生は表にこそ顔を出さなかったが、先生そのものが超能力者であり、先生の存在自体が本物の証《あかし》だった。先生がある人やある会社を本物だとして本に紹介するときは、先生ご自身がほとんど自分でその人の能力が出せたときだった。本当の意味で、その人を包み込んでしまい、その能力を得ていた。先生は、クリエイティブなものを創る発想には、霊的な能力と日常生活の理性を合わせた「ダブル・コンピューター」

でいかないといけない、とぼくたちに仕込んでくれた。ぼくたちは今でも船井先生から受け取って真似しているところが多い。

船井先生のご縁で矢山利彦先生の気功をすることになった。気功の先生が教えてくれるのはほとんど体験ばかりだが、矢山先生は気功について非常に明解にセオリー、理論を話してくださった。矢山先生が書かれた『気の人間学』（ビジネス社）という本によってぼくたちにひとつの世界が開けたのだ。思想家である丸山真男が、理屈を唱える人は理屈を信仰してしまい、体験がすべてだと思う人はそれを信仰してしまう、とある著書で述べていたが、気の世界も同様で、理論派と体験派は交流がなく、確かにそういうところがあると感じたものだ。矢山先生の、体験と理論を自分の中に落とし込みながらやっていくスタンスは、気の世界では非常に重要なポイントだと思う。主観的なことだと分かった上で、客観的なことを目指す。ぼくたちはそれを目指してやってきた。

実は気功を習得する前に催眠法をやっていて、ぼくは気を感知するというのも一種の自己暗示ではないかと思っていた。高度な催眠法には、現実にないものを幻視するというのがある。つまり催眠法の段階として幻覚、幻聴を体験するというのが含まれているので、霊能者が霊が見えるとかお告げのようなことを言っても、ぼくには信じることができない。また自律訓練法もやっていたので、「腕が熱くなる」と自分で何度も口にして、実際に腕を熱くするぐらいのことはできた。だから、気を感知するのは暗示だと思っていた。

しかし、ぼくも仲間たちも小学生の頃にユリ・ゲラーのスプーン曲げを見て衝撃を受けた世代だ。手から出したエネルギーで煉瓦を割ってみたいとか、スプーンを曲げたいとか、さらには、これで人の治療ができるのではないかと思っていた。これが何なのか、まだ特定できていないし、科学でも証明できないけれども、気という未知のエネルギーが手から出てきてボールになって飛んでいく、と本気で思っていた。

気には、本当に目に見えない何かがあると思っていた。気は自分の手から遠くへ飛んで行くと思っていた。だからあるとき、中国の有名な気功の先生に向かって、手から出す気について訊《き》いた。すると、「あるわけないじゃないか、おまえはバカか」と言われた。「気の存在を想像すると、体も心も変わり、それが治癒になる」と言われた。

つまり、手から出る気は単にイメージの対象だというわけだった。これには愕然とした。現代の中国気功では、気の実在をあまり問題にしておらず、気をビジュアル化することでヒーリングする、それは一種の暗示だと捉えているようだ。つまり暗示で病気を治すようなもので、それならそれで分かる。実際、催眠の暗示で、軽い病気ぐらいはぼくたちだって治すことができた。

矢山先生だけは手から本当にエネルギーが出ると確信していた。ぼくは自分にも他人にも催眠で暗示をかけることができたので、気でモノの味を変えるぐらいのことは心理的書き換えをしているにすぎないと、ずっと誤解していた。今でもそう思っている学者がけっこういる。実は、気は物質そのものを変容させる。

動功で体を練り、気を巡らし、気を集めて、手のひらでボールにする。そしてそのボールを使って、モノや体に入力して性質を変えたり、人を癒したりする。想いや祈りを乗せて、遠くに気を飛ばす。こういう「気のボール」という考え方は、本当のところ中国気功にはない。

最初、「気のボール」のつくり方を教わったときも、催眠という思い込みがあり、催眠なしで手のひらにボールの気を感じることはできなかった。周りではみんなが「できたできた」と言っていても、こんなのはやっぱり嘘だと思った。それでも繰り返してやっていくと、ある日、手の間に何かを感じた。その何かを集め、丸めると、はっきりとボールがそこにあるのを感じた。気は実在する、と確信した。そして本当に何かの作用があることが分かった。

また手のひらを体やモノに近づけたりして、質感とか温度とか気のエネルギーの違いを感じる練習を行ない、それで気感を育て、その存在を確認してきた。

気功の練習を続けていくと、最初の頃、誰もがおもしろがってやるものがある。お酒やコーヒーに気を入れると、それらの味が薄くなったり、マイルドになったりする。味を別なものに変えることもできた。その場にいなくても違いを証明でき、暗示ではないことが分かった。気という粒子によって、物質自体に変化が起きたからだ。

存在するものにはすべて何かのエネルギーがあるのは間違いなく、そのエネルギーの違いを見きわめるには、訓練によってその力を培《つちか》うことができるし、高めていくことができる。こういうことを仲間たちと楽しみながら一緒に研鑽し、勉強会のようにして長い間やってきた。

中学生の頃、『西遊記』や『三国志』を愛読していたので、中国の古典に惹かれ、『史記』や老子や荘子の思想を読み、さらに道教に興味を持った。道教の源流には、伝統的な仙道という不老不死の仙人になる道があり、その修練法に小周天《しょうしゅうてん》と大周天《だいしゅうてん》という気功の原点があった。これが鍛錬の基礎となった。

小周天気功には気が体の前側に回る男周りと、後ろ側に回る女周りがある。何度も鍛錬していくと、体と心の気が充実していく。気の出入り口である七つのチャクラはそのライン上の内側にあるので、チャクラのある場所に意識を置き、ボールを巡らす鍛錬を繰り返していくと、チャクラが開き、気感が育ち、すると自分が変化していった。下腹部にある会陰《えいん》や丹田《たんでん》のチャクラが開くと、地のエネルギーを取り入れることができ、お金とか性欲とか現実社会のエネルギー、あるいは生きるための動物的な力を開発することができ、そうしてそのエネルギーの存在を知った。

次に中腹部や膻中《だんちゅう》、胸のチャクラを開き、心に関するエネルギー、愛情や人間関係に関わるエネルギーを知った。喉のチャクラ（天突《てんとつ》）で霊的なエネルギーを感知し、一番上にある頭頂のチャクラ（百会《ひゃくえ》）で神仏のエネルギーを感知した。

次に大周天気功法。これは体の上下のチャクラを開き、体の中心にエネルギーの通路をつくる。地の気と天の気を取り込むと、気感も一層鋭くなり、自然界のエネルギーに敏感になる。

古代の人は気の存在を分かっていて、パワースポットに神社を祀《まつ》った。例えば日本最古の神社のひとつである奈良県の大神神社《おおみわ》は三輪山《みわやま》がご神体で、数キロ手前からでも頭頂がサワサワとして、そのエネルギーを感知できた。ぼくの地元にある、山と渓流が美しい榛名《はるな》神社は修験の場となっていたぐらいで、大いなるパワースポットだ。地のエネルギーが噴出しているところをあちこちで感じることができる。神前にぬかずくと、まさに白く輝く繊細な波動を感じ、頭頂にサワサワとしたアンテナのような感覚が立ち、自分が浄化されていくのが分かった。

仙道は仙人になる道だ。基礎的な体験を積み重ね、どこまでもどこまでも気を高め、練っていく。すると、人間には秘められた能力があるのだ、という確信を持った。それはすべてのものを超えて自由になる道だ。

気功を始めて数年後、光の体験というものをした。

振動功という、ただ単純に手を振る気功の練習をしていた。突然、黄金色の光が部屋中にふっと落ちて、消えていく。ちょうど百円ライターほどのサイズの光が部屋中に雨のように降ってくる。筆で空間に黄金色の光を書きなぐっているような現象と言ってもいい。それがずっと続いている。目は最初から開いているので、ちゃんとそれを見ている。きれいだなあと思いながら、静かに、冷静に見ていた。

でもそれは強烈な体験ではなかった。最初はなにかの幻覚かなと思っていたが、何回か体験すると、繰り返し起きる現象だと分かった。この現象は道教でも伝えられている。

仙道と並行して、ぼくは日本の古神道や密教に伝わる神事や修行にも向かっていった。

古神道の流派に秘教といわれる「神道霊学」がある。その理論家として知られる友《とも》清歓真《きよよしさね》（一八八二〜一九五二）先生の『鎮魂帰神の極意《ちんこんきしん》』『霊学筌蹄《れいがくせんてい》』など多くの著書を手に入れ、観想法や呪術や帰神法を実践してみた。簡単なものに、音を聞くだけの音《おん》霊《れい》法という非常に簡単な鎮魂法がある。根気よく続けていくと、隣の部屋の線香の灰が落ちる音が分かるとか、びっくりするようなことが起きたりする。こういう鎮魂法をやっていくと頭も活性化されるので、セミナーでもみんなに奨めている。

仙道や古神道の魔除けや浄霊の方法論を知り、霊の世界にも精通してくると、浄霊やお祓《はら》いもできるようになる。

お祓い師の仕事をしたことがあった。

関西のあるホテルから依頼があって、スイートルームに魔物が出るという。消臭スプレーをしても獣《けもの》の匂いが取れず、客室として稼働できないので困っていた。行ってみると本当に獣臭く、ベッドの上に見たことのない毛が無数に落ちていた。霊視すると、ふさふさの毛に包まれた、見たこともない魔物の姿があった。いくつかの霊が合体し、魔霊となったものだ。オーナーから話を聞くと、ホテルを建て直すときに、その周りにいくつかの祠《ほこら》があったのを潰《つぶ》したと言った。住居を失った霊たちが合体して、ホテルでいちばんいい部屋に陣取っていたのだ。

そんなふうに東洋の秘儀を学んでいくと、西洋の秘儀はどうなのだろうという疑問が湧いてくる。ユダヤ神秘主義のカバラや、古代のグノーシス主義も、スーフィの秘儀も、気の世界から捉えると非常におもしろい。それぞれ独自の世界観を持っているが、見えないエネルギーが共通要素だ。ぼくにとっては、これらすべては気功の方法論のひとつとなっていった。

ぼくは無宗教だが、こういう背景を持つ西洋の神話や神仏のエネルギーなどについてみんなの前で話をすることがある。実際に天照大神《あまてらすおおみかみ》やマリア様を降臨させ、そのエネルギーを伝授したり、ヒーリングに使わせてもらったりする。例えば、マリアのエネルギーの本質は観音のエネルギーと同じで、真円の調和がとれた美しさに溢れているが（基本的に神様のエネルギーはみんなそうだ）、キリストを産んだ聖母マリアとキリストのパートナーであったマグダラのマリアでは、それぞれ違うニュアンスのエネルギーを持っている。聖母マリアは清らかで慈愛のエネルギーだが、マグダラのマリアはどこかエキゾチックで情熱的なエネルギーだ。日本の神様の天宇受売神《あまのうずめのかみ》のエネルギーにどこか似ている。また降りてくる香りもそれぞれ違い、聖母マリアは優しい百合の花、マグダラのマリアは優美な薔薇の花の香りだった。

気を感知する方法としていちばん信頼できるのが、手のひらや皮膚で感じる触感である。しかし、セミナーの生徒さんから、「どうしたらオーラが見えるようになるのですか」とよく訊かれるのだが、これは動功などをしっかりやって、体の気をいつも充満させていると、見えるようになる。基本の訓練がものをいう。

高次元の気を知るためには、神社などにお参りすると良い。頭頂の百会がサワサワとして、まるでアンテナが立ったようになる。運が良かったら、神様が降りてきて、その香りをキャッチできる。東京大神宮に初詣に行ったとき、まるで香水のような強い花の香りが自分の体から立ち上《のぼ》った。それは神様からの歓待だったのだが、つい、その香りにむせ返り、「うわー、くせぇ」と言ってしまって、神様のひんしゅくを買ったことがある。
出雲大社では、よく日本酒の香りが漂う。出雲はもともと素戔嗚尊《すさのおのみこと》の地で、ご本人が大の酒好き。特に神在月《かみありづき》（十月）は全国から集まった神様への歓待もあって、お酒の匂いがとても強い。

気の世界はおもしろい。気はモノに入れることができ、遠隔で送ることができ、あるいはあの世にも送ることができる。例えば、紙の上に書かれた名前に気を入れることができるし、またその文字から気を感じとれる。あなたの名前からもあなたの気が出ていて、あなたがどんな人物かを存分に語っている。

ぼくは宇宙に対して、絶対的なポジティブ感というか、「善」というものが存在すると仮定している。それは文化を超え、民族を超える宇宙全体の意志のようなものだ。すべてのものを豊かにしながら、共に調和して秩序化し、幸せに向かっていく流れがこの宇宙にみなぎっているのではないか、というのがぼくの考え方だ。これをグレートスピリットとかハイヤーセルフ、あるいは守護神とか創造神と言ってもよい。どんな表現でもかまわない。そういうものを仮定して、その流れに沿うことを、ぼくは「善」と定義してきた。それだけがプラスのエネルギーであり、それはあらゆるものについて働く。その絶対的なプラスのエネルギーが宇宙を生成発展させ、秩序化していく唯一無二の力だ。トップクォークといってもいい。究極の素粒子は情報とエネルギーを持ち、その情報は、この宇宙に生まれたすべてのものが生成発展し、豊かになり、幸せになっていくことを意図している。そうとしか思えない。

正直に言うと、この立場が正しいのかどうか分からない。ただ人に「気のボール」を教えるとか、ぼく独自の気功法が許されるとしたら、この立場でやるしかないと考えている。

この素晴らしき「気」の世界……目次

カバー装丁……………川畑 博昭
本文イラスト………なかひら まい
編集…………………山崎 佐弓

1・政木和三先生の無欲の大欲

超能力者に変身した工学博士

政木和三先生というすごい工学博士がいた。

ぼくが先生にお目にかかったのは一九九四年の春。当時、先生は林原《はやしばら》生物化学研究所の顧問をされていたが、ご存命のときにお会いできて本当に良かったと思っている。先生のなさることやその言葉に、ぼくはいつもしびれていた。

政木和三先生の逸話は枚挙にいとまがない。

電気炊飯器、瞬間ガス湯沸かし器など数千の特許を持ちながら、いちばん儲かるものは全部無料にした。カラーテレビを格安でできるようにし、エレキギターも彼が作った。一生食うに困らないものを作りながら、世間に本当に必要とされると、特許の権利を放棄し、無料になったその技術で多くの会社が製品を作れるようにした。戦後、大型メーカーのトップが先生に三顧の礼を尽くしたらしい。

四十数年前にユリ・ゲラーが来日したとき、政木先生は大阪大学の工学部の教授で、ユリ・ゲラーのスプーン曲げはインチキに違いない、そのことを証明してやろうと考えた。先生の発明した機器の中に金属歪《ゆが》み計測器というものがある。金属がねじれると、その歪み率が測定できるというものだ。物理的な力を加えることなく思念で変化が現われるなら、それが分かる。もしインチキなら、それを絶対に証明できると考えた。

テレビで公開実験が行なわれた。しかしスプーンは曲がらず、政木先生の勝利ということになった。少なくとも関係者は全員そう思っていた。たった一人、「いや、スプーンは曲がった」と信じた人がいた。当の政木先生である。先生は「俺は見た」と言った。スプーンを見ても、見かけはまったく変わらなかったし、誰もまったく分からなかったのだが、計測器の数値がわずかな歪みを示していたのだ。先生は目に見えない力、思念の力が働いたということを知り、スプーン曲げの再現のために、普通の人に代行させて測定を続けた。どんな人がやっても一万分の一ぐらいは動いているのが分かった。その後、超能力少年や子どもなどにやってもらうと、毎回高い歪みを測定することができた。結局、先生は、人間というのはどんな人にでも超能力があるのだと納得した。

もともと先生は、科学で証明できない現象を徹底的に否定する頑固な科学者だった。こういう不思議な現象を体験するにつれ、それを解明しようと本気になった。そしてミイラ取りがミイラになり、超能力に目覚め、気がついたらご自身がすごい超能力者になっていた。

居酒屋で先生が、今日は私が支払うからとおっしゃる。ところが財布を忘れたようでお金がない。先生はそこでお尻のポケットを叩く。すると一万円が出てくる。もう一度叩くとさらにもう一枚の一万円札。わけが分からない。

石鯛を釣りにいく。石鯛を釣るというのは釣り師にとって究極の喜びといわれる。石鯛にはテリトリーがあって、一枚を釣り上げると場所を移動しないといけないし、鋭い歯を持っているから釣り糸も切れやすい。幻の魚だとも言われる。初心者の先生が岩場に連れていかれた。餌をつけてヒュッと糸を投げると、すぐ石鯛が釣れた。船に乗り出してからもずっと釣りつづけた。その後も船を出すたびに、五十枚、六十枚と釣れた。

ある人が、先生の庭に生えているクローバーを見て、四つ葉のクローバーはラッキーなので、これが全部四つ葉のクローバーだったらみんなにあげられていいよねと言った。先生もそうなったらいいなと思った。ひと晩寝たら、庭に生えている三つ葉のクローバーが全部四つ葉になっていた。庭に水引草《みずひきそう》が生えるといいな、榊《さかき》があると便利だな、山椒《さんしょう》があるといいなと思った。突然、全部生えてきた。

願ったことが現実化する、それが能力だ。鳥がその種を運んできたのかもしれないが、ひと晩で一斉に、三つ葉が四つ葉に変わることはまずありえない。

電気炊飯器で炊《た》いたご飯をお櫃《ひつ》に移しておくと、お櫃はいつも炊きたてのご飯でいっぱいになっていた。何杯よそってもだ。二週間ぐらいたって、おかしいなと思うと、ご飯はなくなっている。ご飯をよそったのを不思議に思わなければ、お櫃の中にご飯はずっとあった。

宴会の席で先生がとっくり一本でずっとお酒を注いでいた。何杯注いでも、とっくりのお酒はなくならない。

みかんを食べていると、その中から真珠が出てきた。

神棚に祀《まつ》る神様が欲しいなと思ったら、荒削りの大黒天《だいこくてん》が空中から庭に落ちてきた。神棚に飾っておいたら、翌朝、神棚の下にカンナ屑《くず》があり、お顔をよく見ると、細部が自分そっくりに彫られていた。おまけに大黒天の足の下の俵の模様も、細かく彫刻されていた……などなど（『奇跡の実現』政木和三著　産能大学出版部他）。

願いが叶う秘訣

先生から、「願いはすべて叶う」という秘訣を教わった。これは究極のノウハウだが、「無欲の大欲」というおもしろい言葉で教えてくれた。

まず欲を大きく持つ。何をしたいのか、どうなっていたいのか、それを考える。つまりゴールを考える。そして、その大きな欲を持ったとき、欲を持ったあなたがいなくなればいい。

私だけが良ければいいというのは我欲、つまり小欲だ。我欲や小欲は小さすぎるので、エネルギーだって集まらない。だから小欲を大欲にすることがポイントなのだが、その秘訣は、あなたの成功が周りの人の喜びになるかどうかということだ。

あなたはある商品を売っている。あなたの商品を買ってくれる人がいるとする。それをすてきだなと思い、多くの人々が喜んでその商品を使っているというのは、あなたの欲が叶って世界が喜んでいるということになる。つまり、みんながこの商品を喜んでいますようにという祈りが大欲になるということだ。そこにはこの商品を売りたい、お金儲けしたいという小欲の自分はいなくなる。だから、大欲は周りのみんなの幸せを巻き込むのだという。

先生は瞬間湯沸かし器の原理を数秒で発明した。冷たい水で台所仕事をしている若い奥様の手があかぎれだらけになっているのを見た瞬間、設計図が完成したという。奥様のためを思って商品ができた。そこには欲はない。

後半の教えがすごい。

何かを願っている私がいる。その小欲を、無欲にする。

商売繁盛が会社のゴールだとしたら、それだけでは我欲、つまり小欲だ。だから、わが社の商品が売れることでお客さんがもっと幸せになるように、と祈る。そのとき、その大欲を願っている私という存在さえ邪魔になる。もうそうなった——と思うのだ。これから開発する商品は世界の人が必要とし、その使用価値を喜んでいる。世界中で売れて喜ばれて、すでに商品が実現できたと想定する。そうなったと繰り返し考え、その気になる。本当だ、そうなったと。

そうすると、ふつふつと感情が生まれる。そうなったという気分ができて、それを十分に味わい、「あ〜、うまくいってよかったな」という感覚が繰り返され、そういうことをつくってくれるありがたい世界だったのだと感謝している自分に気づく。つまり、あなたが願ったことに感謝できるようになると気づいたとき、あなたはいなくなる。ゴールは、商売繁盛ではなく、感謝なのだ。

「そのことが叶いました。ありがとうございました」

あなたの努力ではなく、願っているあなたという存在がいなくなり、その出来事という事実だけが残るようになり、「どうもありがとう」と世界に感謝しているあなたがいる。すると世界は、そのことを助けるために神仏が動く。

これが本当の無欲の大欲だ。神々が手伝いたくてうずうずしている。

これを言葉で言うと、

「すべての存在に感謝の念を送らせていただきます」

お礼と感動が自分の中にいっぱい溢れてきて、この会社をやっていて良かったなとあなたは実感する。そこには、神々があなたを助けてはいけない理由がなくなる。

政木先生が持っていた賢者の石

ぼくが関わっていた「近未来研究会」の講演会の講師に政木先生をお呼びしたのは一回だけだった。講演会が終わって、食事を一緒にさせていただいた。そのとき、奥様が先生に、「清水さんにお礼をしなさい」とおっしゃった。先生が躊躇していると、「ほら、せっかくだからあれを見せてあげたら……」と言われた。先生はポケットか

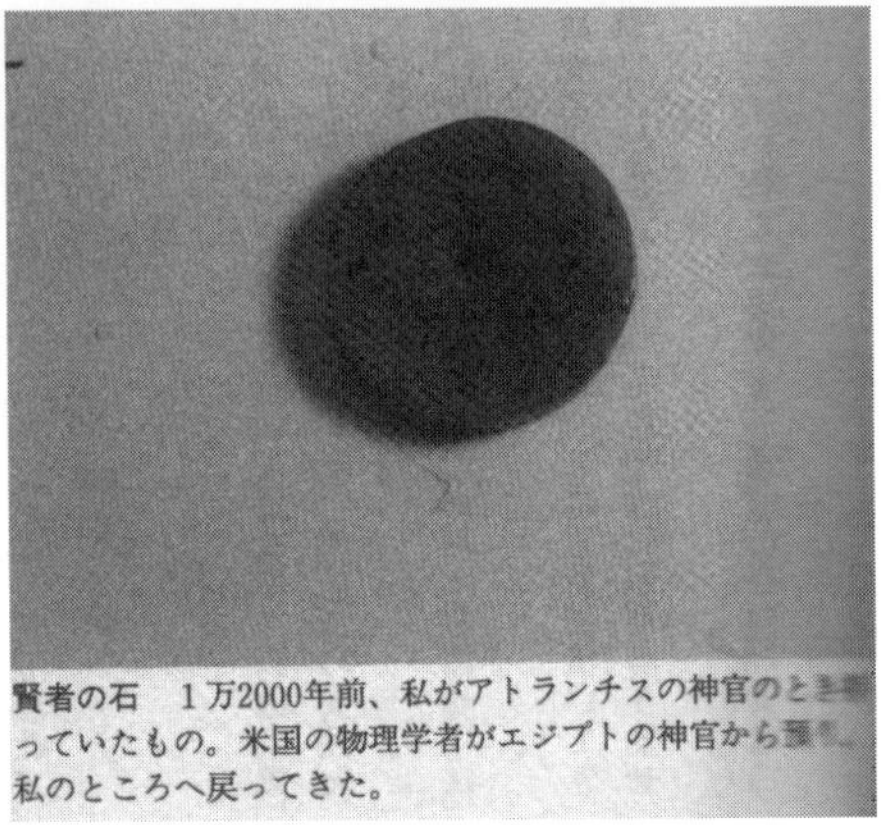
賢者の石　１万2000年前、私がアトランチスの神官のと
っていたもの。米国の物理学者がエジプトの神官から
私のところへ戻ってきた。

政木先生が持っていた賢者の石
(『驚異の超科学が実証された』KOSAIDO BOOKS)

ら手のひらに入るほどの円板状の石を出し、「これが賢者の石だ」と言われた。

一九八〇年代半ば、アメリカの直感力センター（ＣＡＩ）の主宰者であるスタンフォード大学教授、ウイリアム・カウツ博士がエジプトを訪れたとき、エジプトの神官が「あなたはこれから日本に行くことになる。日本に行ったら、マサキという人にこの石を渡してくれ。この石は昔からエジプトに伝わるものだ」との伝言で預かったという。博士は日本に行く予定なんてまったくなかったが、エジプトから帰国するとすぐ船井総研からの依頼があり、日本に行くことになった。マサキとは何者かと船井幸雄先生に聞くと、それはたぶん林原研究所の政木先生だろうということで、カウツ博士は岡山に政木先生を訪ね、その石を手渡すことになった。

先生はすぐ、「はい、これは私のものです」とためらいもなく受けとった。賢者の石だった。

政木先生はこの石を持って林原健社長にいきさつを話すと、なんと彼も同じものを持っていた。「ぼくはずっと持っていたよ。君は持っていなかったんだね」と言われてしまった。二人とも、アトランティスで同じ時期に神官をしていた過去世があって、賢者の石を所持していたということだった。


ぼくはびっくりした。賢者の石が目の前にある。さわってもいいと言われたので、おそるおそる手に取り、どんなエネルギーなのかと手のひらに置いてみた。

物質はどんなものでも固有の波動を持っている。

この宇宙には波動がない物質なんてない。さらに、どんな人がそれを持っていたのか、時代を遡《さかのぼ》って痕跡を感じることができる。少なくとも石のエネルギーがどんなものか、自分なりに感じることができる。賢者の石だったら、どんなことになるのだろうと心を躍らせた。しかし、意に反して、その賢者の石から、ぼくは何も感じることができなかった。

賢者の石はゼロの場になっていた。

高次元の波動をすべて吸収し、現実の波動もすべて吸収して、落とし込むことができる「空」の場だ。だから石自体からは波動が出ていない。こういう石は見たことも聞いたこともない。賢者の石だけだった。

2・宇宙そのものになった人（植芝盛平の強さの秘密）

宇宙のルールの中に生きる

人とは、創りあげていかなければいけない何かである。そして生きていくことをアートにする何かである。

人は放っておいたら黒い炭のままかもしれないが、美しく輝くダイヤの原石に変える技がある。ブッダもキリストも真っ黒な炭の段階から自分を練り上げてきた。

合気道の開祖であり、合気の神様とも言われた植芝盛平（一八八三〜一九六九）は、すべてを生成発展させる「宇宙のルール」があることを知っていた。

植芝のこんな文章がある。

一、己の心を、宇宙万有の活動と調和させる。

二、己の肉体そのものを、宇宙万有の活動と調和させる。
三、心と肉体を一つにむすぶ気を、宇宙万有の活動と調和させる。
（『合気神髄』合気道開祖・植芝盛平語録　八幡書店）


人の肉体を宇宙のルールに合わせると、元気になる。

人の心を宇宙のルールに合わせると、安心して清らかな心になる。

ここまでは気のきいた人は言えるし、いろんな人が同じようなことを言っている。植芝盛平は、そこにすごいことを加えた。

心と肉体を繋ぐものが「気」であり、気を宇宙のルールに合わせることだ、と。

すると人は、宇宙のルールの中に生きていくことになる。それは、ただ生きていくこととは違う。

気は心と肉体を繋いでいるエネルギーだ。豊かになると、楽しくて、生きがいが感じられるようになる。元気な体と、安心した心、そして楽しくて生きがいのある自分、この三つを宇宙に繋げると、アートになる。

合気というのは、気を合わせるから合気であり、人を完成させていくスキルだ。その道で、己を完成させ、広げていく。植芝盛平はそのアートの世界に生きた。

植芝盛平翁（aiki102943.blog2.mmm.me）

光の体験

多くの神秘主義者は、宇宙に包まれる方法とか、宇宙と一体になる道を説くが、そこには体験すべき共通の感覚がある。それは大地が地震のように揺れる振動と、光に包まれる体験をすることだ。ぼくたちの言葉で言うと、地の気の上昇と天の気の下降、この二つのパターンを経験することだと思う。

仙骨が覚醒すると、霊動とか振動功で体の振動が起こる。鎮魂帰神《ちんこんきしん》の神懸《が》かりという半分憑依現象と似ていて、体は制御できない。これは体の中に気が吹き抜けていくような体感で、武術家や新興宗教家が体験することが多い。この体験によって自分という存在がよりしっかりするが、一方、我欲も強くなる。さらに超能力や手かざしができるようになるが、我《われ》と世界との繋がりがなくなって、閉鎖回路という閉じた我の中に外からいろんなものを抱き込んでいくような感じになり、結果的に、我が増幅して、世界を支配するような方向に行く。

もうひとつの光の体験は、光の中に自分が溶けていく感覚だ。天眼というか、すべてを見通す能力がついて、神様と繋がっていく。これが帰神《きしん》、神人合一《しんじんごういつ》という方向に向かうひとつの体験の目安となる。それは、我というものが溶けていき、我と世界との境界線がなくなって、自我が肥大する方向性にはなりえない。このふたつが気功修練の大きな方向性になっていると思う。

植芝盛平はこの二つを同時に体験した。光の体験というのが、宇宙と繋がる具体的な目安だ。植芝盛平は強いとか弱いとか、本物とか偽者とか、バカなことを議論する人がいるが、議論するまでもない。強いに決まっている。もし分からなければ、あなたはアートが分かっていないし、そういうものを読み取る能力がないといえる。

強さの秘密

植芝盛平に関して信じがたい話が山のようにある。
嘉納治五郎《かのうじごろう》（一八六〇～一九三八）が講道館柔道を興した直後、武術を極めた人間たちが一堂に会した究極の大会があった。あらゆる武術の選手が参加し、剣道、薙刀《なぎなた》などども含め、日本最強の武術家を決めるという、まるでマンガのような大会が開催された。結果は、その道の第一人者すべてが名もない小さな植芝に投げ飛ばされた。香港からの帰りにたまたま日本に立ち寄ったアメリカの一流の拳闘家も参加していた。植芝はボクシングを見たのは生まれて初めてだったが、そのチャンピオンと素手で戦い、チャンピオンも例外なく飛ばされた。彼はすべての選手に勝った。

植芝盛平の強さはいったい何なのか。びっくり伝説が山のようにある。

植芝盛平の愛弟子、養神館の創立者・塩田剛三（一九一五〜一九九四）は、数々の神懸かり的な力を身近で目撃している（『合気道修行』塩田剛三著　竹内書店新社）。弾除《よ》けの話はあまりにも有名である。

戦前の話である。陸軍の鉄砲の検査官たちが道場に稽古を見にきていた。植芝が「わしには鉄砲は当たらん！」というので、検査官たちは植芝に誓約書を書かせて、後日、植芝は大久保の射撃場で、自分の言ったことを試されることになる。なんと銃撃手六人がピストルで二十五メートルのところから射つという。

「立っている先生に向かって、六つのピストルの引き金が引かれた。そこまでは分かっています。ところが、次の瞬間には、もう先生は二十五メートルの距離を移動して、人一人を投げ飛ばしているのです」（前掲書）。

この実験は二回行なわれていて、二回とも同じ結果だった。どうしたのか尋ねられると、植芝はこう言った。

「ピストルの引き金を引こうとすると、黄金の玉のような光が飛んでくる。弾はそのあとから来るから、よけるのはなんでもない。それに、六人同時に撃っているつもりでも、一度には出て来ない。必ずバラバラだから、いちばん先に来るやつ（最初の弾丸を放った人）のところに行けばいいのだ」（同）。

ある演武会での話がある。あまりにも植芝の技がきれいに見事に決まるので、会場にヤラセではないかというざわめきが起こった。植芝にもそれが分かり、会場にいた元大関の天竜に声をかけ、「疑っているのなら投げてごらん」と挑発した。挑《いど》んだ巨体の天竜（当時187センチ、116キロ）が腕を掴んだ瞬間、157センチ、75キロの植芝に木の葉のようにふっとばされた。そのあと天竜は、植芝の道場に入門した。

講道館柔道の歴史で、史上最強の柔道家と称された木村政彦。評伝『木村政彦はなぜ力道山を殺さなかったのか』（増田俊也著　新潮文庫）で一躍その名前が知られるようになったが、彼が生涯たった一度負けた相手、天才的な柔道家・阿部謙四郎と植芝の逸話がある。

二人が汽車に乗り合わせていた。阿部は植芝の名前を知らない。植芝は自分の小指を突き出し、この指を折ってみろという。いらついた阿部は思いっきり小指を握る。その瞬間、阿部は床に組み伏せられていた。驚いた阿部はその場で弟子入りし、その後十年間、合気道を習うことになった。ここで得た力が木村政彦を敗った秘密だったと言われている。

三浦関造の証言

これらは全部本当の話だとぼくは信じている。そして、とんでもない事実に出会った。

植芝盛平がまだ植芝守高《もりたか》と名乗っていた頃、その超人的な強さに目をみはる人がいた。神秘主義者の立場から彼の強さの秘密に迫ろうとし、植芝に受け入れられて、その答えを得た。彼の名前は三浦関造《みうらかんぞう》(一八八三〜一九六〇)。

三浦関造は大正時代の教育運動の思想的先駆者として活動していた。日本にヨガを持ち込み、またブラヴァツキーなどの神智学の本を翻訳した人でもある。

昭和七年の作品『心霊の飛躍』(日東書院)にその体験と植芝の秘密を述べている。

三浦関造は植芝盛平がすべての選手を投げ飛ばしたあの講道館での究極の試合を見ていた。彼は宮本武蔵を神秘主義的な立場から研究していたので、植芝盛平の技を「武蔵そのまんま、或はそれ以上の剣道家だ」と称賛し、植芝に彼の武術の奥義について質問した。

植芝はその指摘に感心して三浦を道場に招待し、とんでもないものを見せてくれる。火箸を畳に刺して、その先に人差し指を一本のせ、八十キロ以上もある弟子を呼んで、この腕の上に乗れと言う。前日は三人の大男が彼の腕の上に乗った。立てた火箸をすっと離しても、そのままでいられた。要するに、柱代わりとなる火箸は要らないのだ。

米俵を二俵置いて、そこに高下駄をくくりつける。その上に乗って下駄を履き、さらに大人が四人後ろにしがみつく。「もういいか」と言うと、スタスタとなにごともないかのように歩きはじめた。

これは実はみんな神降ろしによるものだ。神が憑《つ》いていたのだ。植芝は神をくっつけないと何もできないのだという。

さらに三浦は植芝から勝つ仕組みを聞き出すことができた。

相手がいくら強くても、いざその場面になると、それに打ち勝つ力が突如与えられるのだという。柔道家を相手にするときには柔道の手になり、神道流の剣術家と向き合うときにはその剣術の手になるというように、全然知らない武術でも、植芝はその流派の手になった。

試合をしようとすると、相手を守っている霊体のようなものが自分に憑いて、相手が次に何をするのか教えてくれるのだ。それればかりではない、相手がこれまで修行し練習してきたことすべてを教えてもらい、瞬時に、その場で、そのすべてをできるようになるという。それは相手の守護神が自分に憑くことだ。だから、相手はもぬけの殻《から》になる。相手はただの形だけになってしまうのだから、負けるわけがない。件《くだん》のボクサーの場合も同じだった。植芝は相手のパンチがどのように来るのか分かり、それをかわし、振り出したこぶしで、相手は中空にぶっ飛んだというわけだ。

「對手が何ぼ強くても、それに打勝つだけの力……自分ではわからない力が、立向つた刹那與えられます。のみならず、私は神道流はどんなものか知りませんが、神道流の大家とやる時には、すつかり私の手が神道流になつてしまひます。柔道家とやる時には柔道の手になります」

「統一された私には相手の幽體なり、守護人なりが憑きますから、先方はもぬけの殻になって、只手先や形式ばかりになつてやっつけられるのです。修行の上達してゐる相手になればなる程、その幽體も、守護神も偉いのですから、私も亦段違ひに偉くなるわけです。何せよ、相手に對した時の心の状態は鏡のやうに透明ですから、すつかり先方の霊がこちらに映るといった具合ですね」（『心霊の飛躍』三浦関造著　日東書院）。

試合中、植芝に見える映像がある。

「試合始め！」の声がかけられると、まず相手が倒れた映像が幻視して見える。あれはなんだろうと思って見るうちに、飛んだり避けたりしながら、最後に、相手の映像が先ほどの幻視に重なる。その瞬間で勝ち負けが決まる。彼はそこで分かる。あ～、こういうふうになるのが最初に見えていたのだと。

だから、この映像が見えたら、何もしなくてもこの試合は自分が勝って、最後に相手はこの位置で倒れるのだと。数分後の未来がそこにあり、それを植芝が見て、勝ちなんだと分かる。

植芝盛平は武の最高の境地に達した人だ。三浦関造は植芝を「神ながらの道に達した」武道家と言った。心が神を映し出す鏡となり、宇宙そのものになった人である。

現代の武道の世界に、植芝盛平を継ぐ人も超える人もいないのが残念だ。

3・出口王仁三郎の耀盌

王仁三郎の祈り

大本《おおもと》教本部《きょう》にある出口王仁三郎《でぐちおにさぶろう》（一八七一〜一九四八）の器「耀盌《ようわん》」を見に行った。器から神気が満ち溢れている。碗の表面には無数の穴が見えるが、穴は、王仁三郎が「かんながらたまちはえませ」と唱えながら、細く削った竹を束ねた簓《ささら》で、碗の表面に刺し打ったものだ。

その一つひとつの穴からエネルギーが噴出している。不眠不休に近い作業で命をそこに注ぎ込み、つくり続けた楽焼《らくやき》の茶碗だ。王仁三郎は訪れる信者たちにそれらを形見分けのようにふるまった。そして、死ぬ前のわずか一年数カ月の間に三千点を超える器を焼き、全エネルギーも共に燃やしてしまったかのように亡くなった。

出口王仁三郎について知らない人もいるだろうが、明治・大正・昭和史に残る宗教家・思想家である。あまりにも大きすぎて語り尽くせないが、こんなにおもしろい人は世界史の中にもなかなかいないと思う。一度、思想なり、生涯なりを読んでみてもよいと思う（『巨人出口王仁三郎』出口京太郎著　講談社文庫など多々）。さらに彼は芸術家としても類を見ない。

大本教は明治時代の後期（一八九二年）に、出口なおの神懸かりによって誕生した。出口なおの後、出口王仁三郎が実質的な後継者、予言者、教祖として活動し、時代の社会的混乱の中での世直し運動は多くの信者を抱えて急成長した。合気の神様、植芝盛平も信者だった。大本教の影響力は政府に危機感を与え、国家権力による過酷な弾圧を受けた。大正十（一九二一）年の第一次大本事件、そして昭和十（一九三五）年の第二次大本事件によって、国家・政府の不安定な状況下で、十年にわたる徹底的な弾圧が加えられた。戦時中には、王仁三郎は国家反逆罪で拷問を受け、私有財産を没収され、六年八カ月の独房生活を強いられた。

楽焼の茶碗は第二次大本事件の前後に創作された。「芸術は宗教の母なり」と、膨大な数の書画、短歌、陶器を創作し、茶碗はその中でもいちばん心血を注いだものだ。

王仁三郎はその前期、拘留されるまでの十年間、五、六万点にわたる作品を生み出したが、弾圧で没収、破却され、ほとんどが失われた。彼は独房の中で、いつか作る茶碗を想い、構想を練っていたという。

終戦（一九四五年）と共に釈放されると、王仁三郎は最後の命を陶作に捧げた。終戦後の日本ではほとんどの生活用品は配給制で、陶芸家は釜にくべる薪も入手できず、こねる陶土もわずか釜一回分ほどしか手に入らなかった。そんな中で、王仁三郎は残された教団の土地にある沼の泥をさらって、わずかな陶土を練り合わせることから始めた。陶芸用の粘土ではないので、焼くと全部ひび割れる。それを祈ることによって焼き上げた。粘土を練り上げる間も、火をつけて焼く間も、「かんながらたまちはえませ」と唱えつづけ、エネルギーを注入しつづけた。超能力で焼きあげたのだ。一瞬でも気を緩めると、割れてしまう。郵便配達人が工房にはがきを届けるだけで、手元の器が割れてしまう。だから工房には人を寄せ付けなかった。それくらい全神経を注いで作った。

「かんながらたまちはえませ」という祈りの言葉は、もともとは、すべての方位をリセットし、最悪の運命を好転させる陰陽師《おんみょうじ》のマントラとして使われる。王仁三郎が唱

碗に彩色する出口王仁三郎（弾圧前の時代）。大本教本部提供

えることで言葉は有名になったともいえるが、意味は「神様の御心のままに神霊の幸福をたまわりませ」、西洋の言葉で言ったら、「神の御心のままに」だ。出口王仁三郎がいちばん大切にしていたマントラである。

そのマントラを唱えながら全エネルギーをこめてつくった茶碗を、「そのうち宝になる」と信者たちに惜しげもなく与えた。王仁三郎は、いつかそれが破格のものになることを知っていたのだが、大本教は自分が死んだらなくなるかもしれないと考え、信者たちを憂いながらも、後の世の人に、神の世界を物質として見せてやりたいという強い想いがあった。

世に出た耀盌

この茶碗を世に出したのは、加藤義一郎という有名な陶芸評論家だった。

王仁三郎が亡くなってしばらくして、備前焼の人間国宝、金重陶陽《かねしげとうよう》と弟の金重素山《かねしげそざん》が王仁三郎の娘である三代目の教主、直日《なおひ》を訪ねた。そこで二人は、直日の手元にある二十八個の楽焼の茶碗を見せられる。その色彩と姿にただただ驚愕する兄弟に、直日は「好きな茶碗を差し上げます」と差し出した。二人は日が暮れるまで眺め、手に取り、やっとのことで二十八碗の中から二椀を選んだ。

まもなく一人の評論家が金重のもとを訪れ、その二椀を見ることになる。加藤義一郎である。その驚きと感動は尋常ではなかった。発見のそのいきさつを自分が主宰していた『日本美術工芸』（昭和二十四年三月号）という書物に表明した。

「質はらくやきである。形は十全具備《じゅうぜんぐび》の茶垸《ちゃわん》である。作は本阿弥光悦《ほんあみこうえつ》や久田宗全《ひさだそうぜん》に優るとも劣らない。絵は南欧の陽光の下に生まれた後期印象派の点描を偲ばせ、ルリ・緑青・黄土・エンジ・ゴフンなど、みな日本離れした冴えにかがやく。ことに刷き上げるエンジの色は妙《たえ》に美しい。若しも、このような茶垸を見たといっても、恐らく人は、信じないであろう」

耀盌《ようわん》と名づけられた。

信じられないほどの輝く美しさ、完成度の高さに、星の輝きを意味する「耀」の文字を付けた。加藤義一郎という評論家に認められたということは、芸術作品として高く評価されたこと、つまり太鼓判を押されたことになる。たちまちのうちに、国内はもとより、欧米の六カ国で展覧され、二十五万人の人間を魅了した。

ぼくも魅了された。いつしか王仁三郎の作品を手に取りたいと思うようになった。ある日、骨董屋で偶然見つけ、迷いもせず、なけなしの大枚をはたいて手に入れた。

ぼくが手に入れた耀盌のひとつ。

いま数点の作品を持っているが、手に取るたびに盌《わん》から風が吹く。王仁三郎が見た夢がそこに広がる。ぼくの宝だ。

話が逸れるが、ぼくは「元《はじめ》ちとせ」という歌手が好きだ。彼女がつくる歌は本当に素晴らしい。歌そのもの、そして歌うことにこんなに命をかけている人はいないと思う。たった一曲、たった五分の一曲を歌うだけで、自分が気絶するほどの力を入れる。歌の録音中に、すべてのマイクが破裂することがよくあるという。これは彼女が超人的な能力を使っているから起こることだが、人はこんなふうに生命体を集中させることができるのだ。ぼくは彼女の歌を聞くと、「おれは本気で生きているのだろうか」と自問する。人は念じた向こうに生命を投射できるのだ。お前はそうしているかと。

王仁三郎が念じた祈り、「かんながらたまちはえませ」。この言葉はこれだけで何の技術も必要ないほど素晴らしい。写真に写された耀盌からもその「気」が出ている。神技による作品だ

4・一千年先を信じた男（鑑真和上のエネルギー）

不屈な精神と心

結局のところ、この日本は仏教の国だとつくづく思う。心の底からナチュラルに仏教徒かというとそんな自覚もないのだが、ぼくたちには先祖伝来のお墓があり、死んだらそのお墓に入ることを当たり前のように思っている。高いパーセンテージで家々には仏壇があり、仏教を信仰していなくても、お墓参りをしないと気が咎《とが》め、お寺に行けば行ったで、自然と手を合わせる。

あの鑑真和上《がんじんわじょう》（六八八〜七六三）が日本に仏教を伝えなかったら、そんな気分もなかったのではないだろうか。鑑真和上が行なった「授戒《じゅかい》」とそのエネルギーで、日本仏教の主要な糸ができたのだと思う。仏法の伝授を行なった唐招提寺《とうしょうだいじ》の戒壇院《かいだんいん》に佇《たたず》むと、当時のその痕跡のエネルギーを今でも感じることができる。天皇に、皇太子に、僧侶たちに、和上が伝授した仏法のエネルギーだ。日本を仏教の国にするという、聖徳太《しょうとくたい》子《し》（五七四〜六二二）が企画した夢の実現だったのだ。

六世紀に日本に経典や仏像が入ってきて以降、仏教は華々しい発展を遂げていったが、日本では僧侶に対する戒律がなかった。だから僧侶は思いのままそれぞれ堕落していった。仏教の荒廃を恐れた聖武《しょうむ》天皇（七〇一〜七五六）は僧侶に戒律を与えるシステム、授戒の制度を唐の国に求めた。天皇は、「唐の高僧を伝戒師として日本に招聘せよ」と命じた。この授戒の導師となったのが日本における律宗《りっしゅう》の開祖、鑑真和上である。

聖武天皇の命を受けた二名の若い僧侶、栄叡《ようえい》、晋照《ふしょう》は遣唐使船で唐の国に渡り、授戒のできる高僧を探し求めて歩いた。日本という最果ての国へ、しかも何カ月もかかる海路は命懸けの旅であり、応じてくれる僧侶などいなかった。九年にわたる東奔西走の拒絶続きの旅の末に、二人は当時四万人の僧侶を授戒した律宗の名僧、鑑真和上に会うことができた。

若き二人は、二百年前の聖徳太子の予言、「二百年後に日本で仏教の繁栄が数千年続く」という話を鑑真に伝えた。奇《く》しくも中国には、天台宗の祖師といわれる慧思《えし》（五一五〜五七七）が倭国《わこく》で王子となって生まれ変わったという言い伝えがあり、それは聖徳太子だと鑑真の心を揺さぶった。超能力のあった鑑真は中国での仏教の行く末が分かっていたに違いない。また、日本に伝えないと仏教は滅びるかもしれないという漠然とした危機感もあったのだろう。事実、その後中国では、仏教は長く繁栄しなかったのだから。

ところが、率先して進み出る僧侶は一人もなく、五十五歳の鑑真和上は、法のため、命を惜しむべきではないと、自ら渡日を決意した。その決心を耳にした弟子たちもようやく次々と随行を申し出た。しかし肝心の唐の朝廷の許可を得られない。手立ては密航しかなく、まさに命懸けの渡航になった。密告による逮捕、船の難破など五度にわたる渡航の失敗。特に五度目の密航では、はるか南シナ海の海南島まで漂流し、失うものはあまりにも大きかった。栄叡の他界、晋照の絶望と離脱、鑑真和上は挫折の苦しみの中にいた。決意から十二年、ついに鑑真和上は六度目の渡航で日本の地を踏み、本願を達成する。齢《よわい》すでに六十七歳。当時の年齢としたら超高齢者にあたるだろう。長年の難行苦行で盲目になっていた。

日本の仏教がここから始まった。鑑真和上が持ち込んだ「摩訶止観《まかしかん》」から最澄の天台宗が生まれ、そこから法然、親鸞、日蓮へと広がっていった。空海は弟子たちへの能力伝授という意味では失敗したが、鑑真は中国で四万人以上、日本においては天皇、皇后、皇太子、高僧のほか希望する修行者たちに能力伝授を行なった。国中から鑑真の知徳を慕って僧侶たちが集まった。本は一冊も書き残さなかったが、伝授の力は群を抜いている。

唐の朝廷が鑑真の渡日を禁じたのは、渡航禁止の法というより彼の能力伝授の素晴らしさの流出を恐れたからだ。授戒というのは僧侶としての知識や戒律だけではなく、人としての正しい道を示すものだった。形だけでは効果がないし、まして真の意味での仏法は伝わらない。つまり、授戒は超能力と共に行なわれる、エネルギーの伝授だ。当時のトップクラスの名僧、鑑真和上の持つ超能力がかくして伝授された。彼は日本という異国でとんでもない仕事を成し遂げたことになる。

「若葉して御めの雫ぬぐはばや」

天皇や主な僧侶たちへの授戒を終えると、日本にとって「用が済んだ」鑑真和上は帰国の準備もされず、朝廷に冷遇された。朝廷から譲り受けたたったひとつの地に、彼を慕った民間人たちが美しい唐招提寺を建て、和上は望む人たちに授戒を続けた。

和上の死を夢のお告げで感じた弟子たちは、その一年前から鑑真和上の肖像を作りはじめた。そして、はからずも和上が亡くなった姿は結跏趺坐《けっかふざ》。弟子たちが作ってい

「若葉して御めの雫ぬぐはばや」（芭蕉）

た像と同じ姿だった。渡日から十一年、一度も帰国することなく、仏教国日本の地に骨を埋めた。そして和上が亡くなって数カ月後に肖像は完成した。弟子たちがいとおしむように、指先で顔の造作を一つひとつ撫でるように仕上げていったという日本最古の最高の肖像彫刻である。人体像として解剖学的にみても素晴らしいものだが、外見だけではなく和上の精神まで見事なまでに忠実に写実された仏像だ。

人間は何かを見ようとすると、視線のベクトルが対象に向かう。すると全体が見えなくなる。仏像を見るには、風景が目に入ってくる感覚で見るのがいい。焦点を合わせるのではなく、前と横を同時に眺める感覚で見る。遠くの先の方を見ながら、左右を見る。そしてその風景を批評しない。こういう見方になると、千三百年前の人物のすごみが自分に入ってくる。

一千年の月日がたち、松尾芭蕉は鑑真の坐像を拝して、『笈《おい》の小文《こぶみ》』に記した。

「若葉して御《おん》めの雫《しずく》ぬぐはばや」

その像には見えない涙が落ちている、その涙を若葉でぬぐいたい。

芭蕉も超能力者だ。鑑真和上の不屈のエネルギーをその坐像に感じたのだ。

なぜ鑑真和上は六回も渡航に挑戦してまで日本に来たい、いや来られると思ったのか。

鑑真和上の本当のすごみは、どんなに失敗の履歴を重ねても、完全に過去を切り捨て、完全に成功の未来へ立て直す力だ。仏法を世界に広めたいという一途な心の力である。この先、日本で一千年以上仏教が続き栄えると信じた男、それが鑑真和上だ。

東山魁夷のエネルギー

時は今、鑑真和上に生涯を捧げた僧侶がいた。戦後の荒れた唐招提寺の再興を果たした森本孝順《もりもときょうじゅん》（第八十一世唐招提寺長老）である。彼には最後の仕事があった。それは、鑑真和上坐像が安置されている御影堂《みえいどう》の襖絵を東山魁夷《ひがしやまかいい》画伯に依頼することだった。

一九七〇年、東山画伯に白羽の矢が立ったとき、画伯は宿命を感じたと言った。翌年、決心すると、請け負っているすべての仕事を断り、十年を超える歳月を鑑真和上に捧げた。一生分のエネルギーをかけて描きあげたといっていい。

東山魁夷は日本中を歩き、また鑑真和上の生まれ故郷、中国揚州《ようしゅう》を訪ね、題材を求め歩いた。東山の描き上げた障壁画には鑑真の世界が映されている。それは、もし鑑真の目が見えていたら見せたかった日本の山と海の風景、さらに鑑真の生まれ故郷、揚州の景色の水墨画だった。鑑真が内側で感じていたであろう絵を、画伯は描いたのだ。

水墨画とは、遠近法を使っていないにもかかわらず、それを可能にした世界唯一の技法である。そして、その景色にはリアルなエネルギーが渦巻いているのを感じることができる表現方法だ。

気のエネルギーを波紋のように出して、モノを捉えるという方法がある。潜水艦のソナーのように波動を送って物体を探知し、それとの距離を測定するようなものだ。気感を育てる練習を何度も何時間もやっていくと、そういうことができるようになる。

目を閉じて、いろいろな素材を丹念に触って、実際の感触と手のひらに感じる空気（気）の感触を比較したり、遠くにあるものに気でつくったボールを投げかけたり、そこにある質感、色、その良し悪しなどを気で触り、感じることを練習する。そしてどんな気が返ってくるのか知覚する。すると、モノや人を観察するときに、この感覚がいつもナチュラルに働くようになる。だから、ぼくのセミナーでの講義の初めには、そういう波動を出して、どんな波動が返ってくるのか知覚する。すると、講義で無意識に話す例え話が、生徒さんの現実の問題とリアルに符合することがよくある。

唐招提寺　御影堂の障壁画「濤声」（松）　撮影　飛鳥園　唐招提寺発行

美術館によく行くので、いろんな絵に向かって波動を送って調べてみた。レオナルド・ダ・ヴィンチ、ミケランジェロ、モネ、ゴッホ、ミレー……。特にダ・ヴィンチの絵はすごかった。彼の絵は山や空や雲が必ず背景として遠近法の中で描かれていて、かなりの奥行きを感じさせる。そこに波動の気のボールを投げてみた。とても遠い……。吸い込まれていくその感覚がすごい。やっとエコーが帰ってきて、無限の距離感というか、そういう気が仕込まれていることが分かってびっくりした。ダ・ヴィンチは「人の魂は空気に溶け込んでいる」と言ったが、気のエネルギーが分かっていたのだ。

しかし、御影堂の東山魁夷画伯が描いた障壁画はそんなものではなかった。気のボールのエコーが帰ってこないのだ。その絵の中に入ると、三六〇度、無限の中にいる。目を閉じると、「太平洋ひとりぼっち」という感覚だ。生まれてはじめて世界を見ると、こんな怖い感じがするのだろうか。なにひとつ反響のない、サイレントの部屋の中にいるようで、自分のエネルギーフィールドの感覚が失われる体験をした。これはダ・ヴィンチ以上だ。ミケランジェロやモネは、全部エコーが帰ってくる。帰ってこないのはこの障壁画だけだ。

御影堂には今でも風が吹いている。あんなに狭い空間なのに、まるで無限のように広がり、植物がそよぎ、山は盛り上がっている。まさに世界を封印した宇宙模型がそこにある。

ぜひ、あの空間に立って、その風を感じて欲しい。この障壁画は紛れもなく世界に誇るアートだ。命をかけてそれを表現したアーティストがいると思うと嬉しくなる。

唐招提寺の森本長老は過去に何度も中国から招きを受けていたが、「鑑真和上より先に中国の地を踏むことはできない」と辞退していた。一九七八年、鄧小平《とうしょうへい》が来日したときに、「鑑真像を背負ってでも、里帰りさせてあげたい」と口をすべらすと、鄧小平はさっそく、彼の願いに応じた。一九八〇年、ついに鑑真和上坐像は森本長老と一緒に里帰りを果たし、生まれ故郷の揚州と北京で帰国巡回展が開催された。そして鑑真和上坐像が再び奈良唐招提寺の御影堂に戻ると、揚州の美しい景色と日本の風景が描かれた見事な障壁画が鑑真和上を迎えた。森本長老の祈りの成就だ（『唐招提寺への道』東山魁夷著　新潮選書『天平の甍』井上靖著　新潮文庫など）。

5・植物に愛された男（ルーサー・バーバンクの祈り）

エジソン、フォードと並ぶ発明家

放射能は自然そのままの状態だったら、消えるまでに数十年かかるものもあれば、数億年かかるものもある。しかし、人間たちが目覚めたら、半減期を短くできるのかもしれない、あるいは消すことも可能なのかもしれない。人は祈り、願うことで、そのものを変質させていく。

ルーサー・バーバンク（Luther Burbank 一八四九〜一九二六）は、たった一人で、種に念を送り、その形態を変化させた。

彼は三週間にひとつの割合で新品種を生み出し、世界の植物育種の時間を四分の一世紀近く短縮したといわれる。野菜や果物や花の品種改良、その数三千種あまり。ジャガイモ、トウモロコシ、トマト、カボチャなど、いま私たちが食べるほとんどの野菜は、この一人の人間からつくられたといっても過言ではない。

日本ではほとんど知られていないが、ルーサー・バーバンクは、十九世紀のアメリカの三大偉人として発明家エジソン、自動車王フォードと肩を並べる園芸家・育種家だ。そして荒れ地だったカリフォルニアを一大穀物地帯に変えた。

彼の名前、バーバンク Burbank は、他動詞として『ウェブスター新国際用語辞典』に、「植物もしくは動物を改造、改良する。特に選択的育種によって。また植物を交配、もしくは接木する。ここより比喩的に、良い特色は選び、悪いのは取り除くことにより、あるいは良い特色を加えることにより、改良する」とある。個人の業績がそのまま言葉になった大変珍しい例だ。

当時の人が食べていた野生種の野菜は、だいたいは今日より苦みがあったり、小さかったりで、これが大きくてもっと美味しかったらなと誰もが思っただろう。彼がそう願って改良した「バーバンクポテト」も、もともとはそんな苦みのある小さなジャガイモだった。名前を冠した「バーバンクポテト」は今でもファーストフードのフライドポテトの材料としていちばん多く使われていて、愛用されている。

バーバンクはありとあらゆる植物を単独で品種改良し、ある日突然、最初のダイレクトメールを世界中の園芸農家に送った。誰もが驚愕した。カタログを見ると、知っている植物はなにひとつない。農業や園芸の専門家たちはきそってカリフォルニア・サンタローザにある彼の農場を訪れたのだが、当時のアメリカは遺伝子工学がまだない時代で、彼らはなにか革新的なものを期待していた。しかし、バーバンクの農園には化学的な素材や実験材料など特別なものは何もなく、研究設備さえなかった。鋤《すき》とか鍬《くわ》とかジョウロとか、どこの農園にもあるものばかりだった。バーバンクが行なっていた土の改良や肥料の改良などは、実際多くの園芸家たちがやっていたこととあまり変わりなかった。しかし、品種改良となる交配による突然変異の発生率は驚くほど高く、ほかの人が何十年もかかることを彼は数年でやってのけた。品種改良というのはそんなに簡単にできるものではない。それゆえにルーサー・バーバンクは、植物の魔術師と呼ばれるようになった。

愛に応えたサボテン

バーバンクはほかの園芸家たちと同じように種の交配をしていったのだが、いったい彼らとは何が違っていたのだろうか。

ほかの園芸家たちがしなかったことでバーバンクだけが行なったことがある。それ

ルーサー・バーバンク（『食物の育生』より）

は野菜や果樹や花に、祈ったことだ。ときには愛を語りかけ、植物が語りかけてくると、彼はその声に耳を傾けた。

「種が食べるのにじゃまなので、種をなくしてくれない？」とプラムに頼んだ。そして種のないプラムの木を生み出した。花の交配をするときに、「もっと、大きく咲いてくれると嬉しいよ」と頼むと、そういう花が生まれた。今でも彼がつくったシャスター・デイジーやシクラメンが私たちの目を楽しませてくれている。

棘《とげ》なしサボテンや種なしプラムまでつくった。

彼はサボテンに向かって何度も話しかけ、愛の念波を送った。

「ここには、おまえの怖がるようなものは何もない。棘など生やさなくていいんだよ。ぼくがおまえを守ってあげるからね」と。そして、この砂漠の植物は、バーバンクの愛に応えて徐々に棘のない状態に変化し、自らを野菜として他生物に貢献する姿に変えたのだ。

彼は言う。愛の力はなによりも大きく、不思議な栄養となり、よりよく成長させ、多くの果実を実らせる、と。

カリフォルニアは今でこそ世界で有数の農業地帯だが、もともとは植物が生えない荒れ地、不毛地帯だった。バーバンクはそこにオレンジやいろいろな植物を植えた。彼が植えた植物は不毛地帯で見事に育った。祈ることで植物と繋がり、人間が喜んで食べられる状態、野菜や果実として実ってもらったのだ。

ぼくたちは念力を使って植物の形態を変化させることはできると思うが、「棘がなくなれ！」では、個体だけしか、つまり念力をかけたものしか変化は起こらないと思う。全部に「そうなれ！」と言うのは難しい。植物としての類的存在みんなが納得してバトンが広がっていかないとリレーにはならない。だから植物に「助けてください」という祈りの感じになったのだろう。そうでないとカリフォルニア全土が繁茂してしまうほどにはならない。我欲を捨て、植物に祈り、植物が一体化した。これがスーパーナチュラルの世界であり、真我を通して植物さんと繋がったということだ。

パラマハンサ・ヨガナンダは、自叙伝『あるヨギの自叙伝』（森北出版）に、棘なしサボテンのエピソードや彼の祈りの姿を書いている。ヨガナンダはガンジーの師であり、エルビス・プレスリーやスティーブ・ジョブズに大きな影響を与えた偉大なヨギマスターだ。彼はバーバンクを尊敬し、本の冒頭に、「この書をアメリカの聖者、故ルーサー・バーバンクに献げる」と記し、一章を設けている。

ある記者がバーバンクにインタビューした。

「あなたの数々の新種の植物は、石油や金鉱を掘り当てるよりももっと大きな富をもたらしてくれるはずです。あなたは慎ましい生活をしておられますが、どうしてもっとお金を稼ごうとしないのですか?」

バーバンクは新種をつくっても特許を取らないばかりでなく、育成法を公開していた。バーバンクは困惑して、こう答えた。

「お金を稼ぐ暇なんてないし、考えたこともないよ。ここに語り合うすてきな花たちがいるのに、どうしてお金を勘定しないといけないんだい。……太陽は照らして私を光り輝かせている。黄金に輝いている億万長者のようにね」(『Self-Realization』一九九二年春号 Self Realization Fellowship)

一九〇六年、カリフォルニア州サンフランシスコ周辺にマグニチュード7・8という大地震が起きた。サンフランシスコは壊滅し、バーバンクの農園があったサンタローザの町もかなりの被害を受け、中心街は壊滅状態に近かったといわれている。しかし、バーバンクの農園にある巨大な温室のガラスは一枚も割れることもヒビが入ることともなかった。彼はまったく被害を受けなかったのである。植物を愛し、植物に愛されている彼を、大自然が守らないわけがない。

植物は知性を持っている

思想家のルドルフ・シュタイナーは、植物は自らの体をほかの存在に捧げることを選び、酸素を供給し、二酸化炭素を合成し、食される生活を選んだ生き物たちであり、個性を捨てて集団の意識として生きている、と植物の高い霊性に敬意を表した。近年では多くの科学者たちが、植物には知性があることを認めている。

イタリア・フィレンツェ大学の国際植物神経生物学研究所では、マンクーゾ教授とそのチームが、植物の知性について研究に取り組んでいる。最新の本（『植物は〈知性〉をもっている―20の感覚で思考する生命システム』ステファン・マンクーゾ他著　ＮＨＫ出版）では、植物は二十の感覚を持って思考し、ロボット工学や電気通信学と同じくらい広い分野に貢献できるのではないかと推測している。

バクスター博士が「植物は人間の思考を読み取る能力がある」と予測して行なったいろいろな実験（『植物の神秘生活』ピーター・トムプキンズ、クリストファー・バード著　工作舎）に好奇心をかられ、ぼくたちも気功で、植物と交信できるかどうかの実験をした。植物が大好きだという気を発したら、彼らがそれを受け取ってくれるかどうか。蔓性の植物の近くで立禅《りつぜん》（気のボールを胸の前で抱くようにして、膝を少し曲げて立ち続ける練功のポーズ）をしたら、その植物の蔓はぼくたちに近づいてくれるだろうかと。つまり、気と気の交流だ。二時間ほどたっただろうか、蔓が近づいてきた。嬉しいなと思った瞬間、蔓が突然小指に巻きついてきた。感動で胸がいっぱいになった。スルスルと巻きついてきたあのときの優しい感触は、二十年以上経った今も忘れられない。

生徒さんもおもしろい体験をしている。エアコンの室外機をバルコニーに置いていたら蔓性の雑草が侵入してきて、いつの間にかファンを覆ってしまった。彼はその雑草をたびたび刈り取っていたが、すぐに伸びて侵入してくるので、気のボールをつくり、「この室外機には絡まないでおくれ。これ以上入ってくると引き抜かないといけないよ。約束を守ってくれたら、冬まで生きていていいよ」という願いを気のボールに入れて、雑草に投げかけた。それ以降、雑草は室外機に侵入することはなくなった。彼は、もうこの雑草は刈り取れないなと思った。今ではバルコニーに入ることもなく、外で小さくまとまっている。話せば分かる！

バーバンクは植物にとって特殊なことをお祈りをするときには膝まずいて語りかけたという。棘を生やさなくていいとか、種がないほうがいいとか。それらは植物にとっては大幅な形態変化だ。だが、植物たちは彼の祈りを聞き入れた。彼らには本当に高い知性があるなとつくづく思う。

バーバンクが亡くなって五年後、クリスチャンである日本人英語教師、栗原《くりはら》基《もとい》が彼の偉業を本にした（『植物新種の創造家 ルーサー・バーバンク』恒星社）。エジソンもフォードも日本では有名なのに、肩を並べるバーバンクがまったく紹介されていないのを悔やんだからだ。バーバンクをサンタローザに幾度か訪ねた教育者・新渡戸《にとべ》稲造《いなぞう》と日米新聞の記者・千葉豊治もその本に寄稿している。ほかに、彼の多大な人類への貢献と魅力ある人間性を伝えている『植物の育成』（ルーサー・バーバンク著　中村為治訳　岩波文庫）も一読したい。

6・本物の神様遣いみたい（矢沢永吉さんの器）

永ちゃんのファンが浄化する空間

仕事で東京・水道橋駅近くのコーヒーショップを利用することが多い。ここは後楽園や東京ドームがあることもあって、いつもザワザワした空気がある。あるときなぜか、とても静かないい感じの雰囲気に包まれたことがあり、どうしてだろうと思った。人がたくさん歩いている。でもとても「場」の気がきれいで、まるで神社の境内にいるような感覚なのだ。みんなニコニコ、なごやかな顔をしている。

ふと周りを見渡してその理由が分かった。

その日は東京ドームで矢沢永吉のコンサートがあって、観客たちが駅に向かって歩いていた。清らかな場は永ちゃんのファンたちがつくり出しているのだった。コーヒーショップもファンで混み合っていたが、それでも、その場もなんとも言えないほどいい感じだ。

最近はそうでもないらしいが、永ちゃんのファンはどこか暴走族っぽい格好の人が多い。「元ヤンキー」とかもいるらしい。そういう感じの人たちが大勢固まっていると、どこかピリピリした雰囲気になるはずなのだが、この場はそうではなかった。本当に清らかで和やかなオーラが出ているのだ。

本物のエンターテイナーは一回のコンサートで何万人もの人を幸せにできる。万人が自己投影して、自分もスターになったかのような夢を見させてくれるからだ。だから皆が皆、矢沢永吉を好きになってしまう。

コンサートで永ちゃんが歌うと、神が宿るかのようだ。永ちゃんは本物のスターだ。何万人ものファンたちの心が一斉に奪われ、酔いしれ、まるで魂まで奪われたようになる。そして、邪気が消える。日常の困ったこと、仕事がうまくいかないとか、彼女ができないとか、友だちと喧嘩したとか、子育てがうまくいかないとか、過去の不幸、未来の不安など一切がどこかへ行ってしまう。永ちゃんの歌ですべての邪気が消えるのだろう。会場を出てもコンサートの余韻が続き、しばらくの間、幸せな空気に包まれ、彼らの発するオーラによって、あたりは神社仏閣に負けない清らかな場となっている。

どれだけの人を幸せにできるか、それで人の魂の大きさが決まる。だから永ちゃんの魂はとてつもなく大きい。

永ちゃんのファンは究極のファンである。永ちゃんは彼らの神様であり、コンサートがあるときは、永ちゃんに迷惑がかからないようにいろいろと気をつける。会場にはゴミを残さないし、騒動も起こさない。新譜が発売されれば必ず買うし、コンサートにも必ず足を運ぶ。永ちゃんのファンはリピーター率十割なのだ。

三十五億円の借金

一九九八年、矢沢永吉さんは腹心の部下による詐欺被害で三十五億円もの借金を負った。三十五億円、一人でである。誰もが「矢沢は終りだ」と思った。彼自身、正直もうダメだと思ったそうだ。人生が終わったと。ヤケ酒を飲んだくれた。一週間酒を飲んで、飲みあきて、決心した。自分はロックンローラー、本気になってコンサートをやるだけだ、全国を回ろうと。そして彼は、なんと六年で三十五億円の借金を返済した。

三十五億円のお金を返済するには、満員のコンサートを十年以上やらないと返せない。すでに頂点を迎え五十歳にもなろうというロック歌手が、これから十年以上やりつづけて三十五億円のお金を返すというのは、ある意味、至難の技に思える。果たしてその年までコンサート会場全席を埋められるかどうかは誰にも保証できない。ただ、彼は決心した。いいコンサートを次々とやり、これまでどおりハッピーで、いい曲をつくり、いいＣＤを出すのだと。そして、自分、家族、スタッフの生活をこれまでどおり変えることはなかった。

数年して、不思議なことが続いた。テレビの広告出演やドラマ出演の依頼が次々にやってきた。彼の広告料は日本で最高といわれた。ＣＤも売れた。そして十年以上かかると思っていた三十五億円の負債は、六年で全額返済した。

矢沢永吉さんがこの悲劇、この不幸を乗り越えられたのは、「借金返済ガンバルゾー」というロックのような根性や気合ではない。大きなポイントは、不幸を消すことにエネルギーを注いだのではないことだ。

確かに腹心の部下にやられた。知らない人から詐欺に遭うより、そのダメージは大きい。しかし、ヤラレテしまったというネガティブな気持ちをむき出しにして、矢沢だから負けられないという意欲を掻き立てたわけではないのだ。ブレーキとアクセルを両方踏めば、エネルギーは足りなくなってしまう。

　永ちゃんがすごいのは三十五億円のマイナスをひとまず脇においたこと。不幸なんてなかったことにして、借金三十五億円を返す。やるべきことをやるだけ、という一点にフォーカスした。コンサートをやる、曲をつくる、ＣＤを出す、広告に出る……。ネガティブというブレーキを踏むのを止めて、ポジティブのアクセルを全開し、スタートのフラッグを振った。結果は、余裕のぶっちぎりだった。ヤラレタことを忘れ、ダメな自分をおき、恨みもなし、ただゴールを目指す。恨みをスッと脇においた。判断停止――これこそが神様遣いの条件なのだ。神様があなたのために働いてくれるいちばん大事な条件なのだ。不幸を呪わず、前に進むこと。


　もしあなたが三十五億円の詐欺に遭ったとして、あなたはそれを受け入れることができるだろうか。何度も思い出しては怒り、苦しみ、悔やみ、反省し、それを忘れることができないだろう。だから、永ちゃんがやったように、そのことへの判断を停止して、考えないようにするのだ。被害者になることをやめたら、残った領域に、不幸は消える。残るのは、幸せしかない。

　幸せになるのに時間はいらない。いま不幸になっていることを、やめればいい。

幸せになるのに努力はいらない。不幸な私という判断を、今ここで中止すればいいだけだ。

神様は、困って不幸だと言う人には寄ってこない。なぜなら、神様は清く、正しく、きれいな波動だ。きれいな波動の人にやってくる。というより、きれいな波動にしかやってこない。だから神道ではお清めしかやらない。

だけど、困っていない人なんていない。

どうしたらいいのか？

心が困っていなければいいのだ。

そして、やるべきことをやればいい。考えに考えつづけたら、不安になって、心配になる。あれこれ判断することをやめて、いま自分ができることをやる。どこに行くのか、行けるかどうか、そんな心配はしない。困った自分を脇において、不幸であることをやめてみる。そうすれば、あなたの本性の神様が立ち上がってくれる。それが分かれば、本当の意味での開運になる。

この先、どんな状況になっても大丈夫。不幸はおいておけばいいだけだから。すると、次の幸せがやってくる。しかも、人として巨《おおき》くなる。矢沢さんの話で真に感動するのは、信頼している人に裏切られても、その不幸を全部おいていける器の大きさだ。
それが余裕であり、大人であることだ。そこがカッコイイ。

マリア様の言葉

もうひとつの素晴らしいエピソードがある。それは、矢沢永吉さんのそばに幸福の女神、マリア様がいたこと。

彼が落ち込んだとき、奥さんは言った。

「三十五億円は大変だけど、矢沢が本気になったら返せない金じゃない」

彼は最初その言葉が信じられなくて、彼女に三回確かめた。返事は同じだった。

「矢沢だったら返せる」。

過去を忘れて、すべてを許しなさいと。

永ちゃんは今を一生懸命に生きるしかないと悟ったそうだ。

本当は奥さんがいちばんすごいのかもしれない。

なんてったって、彼女の名前はマリアだから。

7・あるウェイターのまごころ

すごすぎるウェイター

まごころとは、飽きず、へたれず、同じことを淡々と繰り返していく丁寧な気持ちのことだ。大切なのは自分の奥深くにまごころを抱き、慈《いつく》しみの気持ちを持って何かを行なう。するとテニスひとつでも麻雀ひとつでも、天に至ることができる。気功の鍛錬の極意もここにある。

あるとき、水道橋駅にあるホテルで朝食をとっていた。

このホテルは東京で仕事をするときの常宿で、よく利用する。朝食にはもう何百回も使っている。いつも同じビュッフェ形式で、いつものようにあまり変わらない朝食だ。そして、この日もいつもと同じようなものをとって、テーブルに戻り食べていた。

ウェイターたちがテーブルを行き来して、客が食べ終わって去ったテーブルを片付けている。別にどうっていうこともないホテルの朝のいつもの風景だ。

食事をしながら、マーク・トウェインの『トム・ソーヤーの冒険』のストーリーを思い出していた。

……トムが罰としてお父さんに塀のペンキ塗りを命じられたが、大変な作業でその日のうちに終わりそうもない。みんなと野球ができないし、作業自体がつまらない。でも彼は気づいた。楽しくやればいいのだと。楽しく振る舞うふりをしながら、つまらないという考えを脇におき、楽しそうにペンキを塗っていると、自分自身が本当に楽しくなってきた。通りがかった仲間がそれを見て、ペンキ塗りをやりたがる。彼は賢い。ほくそ笑んで、こんな楽しいこと、やらせないと言う。そして、野球の仲間たちがみんな集まってきて、やらせろ、やらせろと刷毛《はけ》を奪い合って、あっという間に作業が終わる。

この話の中に鍛錬の極意があるな、仲間たちと気功をこんなふうに楽しくやって鍛錬していたな……と思いながら朝食を食べていた。

最初はまったく気づかなかった。誰もいなかった。しかし、誰もいないという、あまりにも不思議な気配でフォークとナイフをおいた。見ると、そこに一人のウェイターが歩いていた。向こうに行って、戻ってくる。そして隣のテーブルに絶妙なベストタイミングでスッと現われ、気持ちのいい自然なやりとりをする。

「おさげしましょうか」

「はい、お願いします」

それだけのことだが、なんともいい流れがあるのだ。

別のテーブルで客が食べ終わって、ひと息ついた瞬間、スッとその人がそこに現われた。ナチュラルだ。

「おさげしましょうか」

「はい、お願いします」

彼がそこにいることを最初はまったく気づかなかった。

彼は、客が食べ終わって去ったテーブルをナプキンでスッと拭いて、片付けていく。きれいにしたテーブルの上にペーパーマットとナイフとフォークをセットする。ペーパーナプキンをヒュッと置いて、ちょっと位置を直すだけ。ひとつのシンプルな流れの中で丁寧な作業が完了していく。そして、その人はなんともいえない満足そうな顔をして、次の所作に移る。

彼が歩いただけで、そこにはいい風が吹いた。いいエネルギーがフワーッと空間に噴出する。そして、こちらの心と魂はその人の所作で浄化されていく。彼の所作と共に周りの気配が変わっていく。彼が通るだけで、あたりはいいエネルギーに包まれていった。

その人がやっていたのは、まごころと慈しみだ。

一見、給仕の仕事は単調に見える。人の食べた後片付けをするだけ。それだけの役をあなたは喜んでできるだろうか？

ビュッフェスタイルだからウェイターは料理を運ぶこともない。客は食べ終わったらそのまま放置して帰るだけ。「ありがとう」もあまり言われない。テーブルの汚れを取り、お皿を片付けて、次の人が食べられるようにただ整えるだけの仕事だ。誰も彼の仕事を見ていないし、評価もしない。彼はそれを気持ちの良い流れの中で淡々とやっていく。

それがどんな手段であっても、あなたの心が整うことで、人は神と化すのだ。言葉と想いと行ないで心は整い、その場を浄化する。

ぼくは、「どうもありがとう」と言葉をかけた。彼のやっていることは爽やかだなと思ったから。

この人の能力は何か

彼は自分で自分の仕事を楽しく真剣に真面目にやり、その行為を通して、いいエネルギーをフワーッと出していた。ある一定量のポジティブなエネルギーをチャージすることができると、その人が移動するだけで、そこに神社のような場ができ、神の通り道もでき、場所の汚れもとれてしまう。このプラスのエネルギーの量がもっと集まれば、エネルギーは質量としてそこに保存され、彼がそこにそのまま存在していなくても、そこにプラスのエネルギーをもたらす場ができてしまう。

彼のまごころがチャージしたのは、そんな影響をも与えかねない十分な量のエネルギーの流れだった。

これは気功の体験から分かるのだが、エネルギーが何かの働きとして起こるためにはある一定の量が必要で、量が小さければ、プラスだろうがマイナスだろうが、あまり影響力はないし、エネルギーを出す人の気持ちがあっても、未然に終わってしまう。ところがそれが現実の世界で実際に働くときは、ある一定の量がドーンと必要となる。

彼の場合はプラスのエネルギーを放出して素晴らしい場を提供した。これが反対のマイナスの悪いエネルギーだと、悪い現象、つまり病気とか不幸とか事故とかを起こすほうに働く。ケガレチのようなものだ。現象が起きるのはエネルギーの量の問題なのだ。

気功の修行をしていくと、何もしていなくても、このエネルギーをいつでも出せるようになる。そして自分が触れる場所でそこにいる人が幸せになったり、お店が繁盛したりする。人はプラスのエネルギーの中にいれば、本人が知らずとも、なにか良い方向に行っていることは間違いない。

初めて書いたお礼の手紙

ぼくは字が汚いから、本当なら手紙なんて書きたくなかったのだが、どうしても書かずにはいられなかった。ホテルの支配人に手紙を書いた、

……今日、この時間に朝から入っていたこのウェイターさんはすごすぎる……。

生まれて初めてそんな手紙を書いた。

良いものを見せてもらったと、その日のセミナーでもみんなに紹介した。

ぼくがあのホテルの経営者だったら、あの人を放っておかない。あのシンプルな仕事を、そんなに丁寧に、想いを持って気配りができるということ、それがすごい。ヨーロッパでは給仕の仕事はある意味ステータスのある仕事だが、日本においてはそれほどのものではないと思う。給仕という職種はひどい仕事でもさげすむような仕事でもないが、その人にはもっとお金持ちになって、もっと楽をして、もっと素晴らしい仕事をして欲しいと思った。だからあなたのホテルにはこんなすごい人が働いているぞと支配人に手紙を書いたわけだ。

もっとランクの高いホテルに泊まったことがあるが、彼のようなウェイターを見たことがない。逆に言えば、高いお金を出したらそういう仕事ができるのか？　その人はお金は大してもらっていそうもない。にもかかわらず、それができる。

参った。かっこいい。

一日の汚れが爽やかな風に吹き払われるがごとく、その人の想いと行ないが周りを幸せにする。そして彼がセッティングしたテーブルに座っただけで、エネルギーがチャージされる。自分もそうありたいものだ。テーブルをセッティングするというシンプルな仕事でそうなるなら、もっと複雑な仕事だったら、もっと想いを乗せられる。

しばらくして、また同じホテルに泊まった。あのときは彼の所作に見惚れるだけで声をかけられなかったので、名前も知らなかった。名前ぐらい知りたいな、顔もちゃんと見たいなという気持ちでチェックしたが見かけなかった。思い起こすと、またあのときの爽やかな風が吹き抜けていく。

8・片岡鶴太郎さんの「ありがとう行」

「ありがとう行」のやり方

「鶴ちゃん」という愛称で親しまれている片岡鶴太郎さんは、最初、声帯模写をする芸人の付き人をやっていた。フジテレビ系のテレビ番組、「お笑い大集合」で芸人デビューし、「俺たちひょうきん族」などの番組に乗っかって人気をつかんでいった。そのあと、ボクシングをしたり、絵を描いたり、俳優をやったり、多方面で活躍している。

その彼が今もやっているというい話がある。

それは、お風呂に入っている一時間ぐらい、過去にお世話になった人の名前を声に出して、「○○さん、ありがとうございます」と口にすることだ。数百人の名前を上げ、一日もかかしたことはないという。これはいわゆる感謝の行《ぎょう》のようなものだ。

鶴太郎さんはそれを誰かに習ったらしいのだが、その行為を、よし、自分の人生の武器にしよう、と思ったそうだ。かっこいい。

実は、毎日とは言えないが、ぼくも週に四日くらいはやっている。騙《だま》されたと思ってやってみるといい。毎日でなくても、期間を限定して、例えば三カ月とか、週三日とか、ゆるい気持ちでいい。カウンターもいらない。「ねばならない」という思いもいらない。

生きている人にも、死んだ人にもそのお礼をいう。

例えばこう言う。

「空海さん、ありがとう、鑑真さん、ありがとう、キリストさん、ありがとう、道元さん、ありがとう、日蓮さん、ありがとう、白隠《はくいん》さん、ありがとう……、船井先生、ありがとう、政木先生、ありがとう、矢山先生、ありがとう……。あなたたちのおかげで今の私があります。ありがとう」

絵が好きだったら、好きな画家の名前を言う。モネ、ありがとう。音楽が好きだったら、好きな音楽家の名前を言う。ベートーベン、ありがとう、モーツァルト、ありがとう。こうやって、彼らと大きく繋がることができるし、実は彼らの能力をパクることもできるのだ。

もう一人の私

鶴太郎さんは、一人ひとりの顔と名前を思い出して、膨大なリストをつくって、毎晩お風呂の中で「○○さん、ありがとう、△△さん、ありがとう……」とただ声に出して言っていた。とても気持ちがよかったので、それがクセになって、この二十年間、一日も休まず続けた。すると、人生の境目で困ったり、どうしたらいいのかなと思い悩んでいると、突然、声に出しているリストの一人の方の、「こうやったらいいんだよ」と、独り言のような声が聞こえた。そのことで鶴太郎さんは「そうだよな」と解決方法を思いつくことができた。それ以来、都合が悪くなったり困ったりすると、そのリストの中の適切な人の地声が、まるでアドバイスするように勝手に聞こえるようになった。何も答えが出てこなくても、「鶴ちゃん、元気出せよ」とリスト仲間が言ってくれているような気がするのだ。

彼は、こうやって、「もう一人の私」をつくっていった。

あなたがこの人生でここに至るまで、その人生を支えてくれたさまざまな人やスキルをつくってくれた人たち、いろいろなことを教えてくれた人たち、あなたを感動させた本の作者や芸術家たち、つまりあなたのお気に入りがたくさんいるはずだ。それを丹念に思い浮かべて見つけていく。そして毎日感謝する。すると、その人が「もう一人の私」となり、あなたを守り、指導してくれる存在となる。ぼくたちのリストには空海やブッダやキリストもいるから心強い。お礼を言うことによって、彼らがついてきてくれる。

感謝する力

人間が人間たる最高の行為は、祈りだ。唱えるというのではない。回数は関係ない。ただし、言葉に想いが乗らないといけない。神道も密教もカバラも究極は同じで、人ができる最高のことは祈ることなのだ。

夢を叶えることができるということは、まだ叶っていないことに、本気で感謝を送れるかどうかということだ。それを「信」という。信じるということは、できるという想念を持つことではない。神様がやってくれるに違いないと信じることでもない。夢が叶うと信じることでもない。

「ありがとうございました」と、ほんのひと筋の疑いもなく、願いが叶ったということを信じることだ。だから、最初から、想いを乗せて、「ありがとう」「ありがとうご

こんな猫にも声をかけてみる、「おまえ、かわいいな」
（日向ぼっこ：ULTRA BLOG2 号）より

ざいます」と言う。これが感謝力だ。

その出来事がどんなに困難なものだとしても、もし祈っただけで叶ってしまうのだとしたら、あなたは心の底から感謝をするはずだ。

「本当にありがとうございました」と。


行った先々で、出会った生き物たちにも言うことがある。咲き誇った睡蓮に、「おまえはきれいだね」、ひなたぼっこしている猫に「おまえは、かわいいな」と。

「ありがとう」とまで言わなくても、そういう発見をすることで、世界は反応する。


発見、空がきれい！

発見、あの雲、おもしろい！

発見、赤信号で止まっているあの車好き！

あなたが何かを見つけるたびに、世界は反応する。


成功哲学の祖といわれるナポレオン・ヒルという著作家がいる。鉄鋼王アンドリュー・カーネギーと出会い、「成功するためのルール」を体系化し、『思考は現実化する』（きこ書房）という名著を生んだ。その著書に『悪魔を出し抜け』（同）という、もう一冊の本がある。

悪魔との対話形式になっていることもあって、なんと七十二年間も封印されていた。その本の中に、「もう一人の私」が彼にアドバイスをし、彼はそのアドバイスに従い、運命が切りひらかれていったという内容がある。それが『思考は現実化する』という彼の代表作で書けなかった、成功に到る本当の秘訣だ。これは一読に値する。

こうすれば、「もう一人の私」が生まれる。

9・一千万円の言挙げ

これで、いける！

言葉には命が宿っている。それを言霊《ことだま》という。マントラや真言《しんごん》はその極みであり、声として発声することが前提である。だから、願いごとも、言葉として口に出して言う。

願いごとや決心を、実際に声に出して言うことを言挙《ことあ》げという。

セミナーには、事業がうまくいかないとか、倒産間近かで一縷《いちる》の望みを持って参加される方がいる。言霊のセミナーを受けたそんな生徒さんの一人から、むちゃくちゃおもしろい話を聞いた。

彼は事業をしていたのだが、月末までにどうしても支払わなければならないお金が必要だった。でも銀行からの借り入れは叶わず、貸してくれる親族や友人もなく、売り掛け金も、貯金もない。すべてやるだけのことはやったが、期日は今月末。払えなかったら不渡りが出てしまう。さあ、困った。あと三週間しかない。

彼には返すあてはまったくなかったが、言葉に出して言ってみた。

「よし、月末までに返そう」

一千万円耳をそろえて、銀行の窓口で返している自分をイメージした。自分の中で、「ほら、払っただろう」と意識したかったのだ。言葉に出して、そのイメージをリアルな映像にして、何度も何度もこれを繰り返した。

「よし、月末までに一千万円を返そう」

現実に返すあてはない。でもこれしかなかった。刻一刻、予定日が迫ってくるし、現実社会であれこれ必死に算段しても、なんの効果もない。自分は何をやっているのだろう、こんなことをしていてはいけないと思いながら、あせる気持ちを打ち消し、ただ言葉に出して、イメージをしつづけた。

突然わけの分からない喜びと幸せな気分が、震えるような感動と一緒になって押し寄せてきた。その瞬間、思わず口から言葉が出た。

「これで、いける……！」

何も起きていない現実の中で、何回も繰り返していたら、なにかそうなるかもしれないという妄想かもしれない。でも、喜びや感動が生まれてきたのは不思議だった。そしておもしろい現象が起きた。ひとつの出来事がパッと心に浮かんだのだ。銀行の窓口で「ほら、一千万円！」と返しているシーンではなく、誰かが自分に一千万円貸してくれたような、もしくはもらったような気がする映像だった。イメージが変わったのだ。何があるのか分からないが、私のことを信じてお金をくれた人がいるんだなと、なんとなくそんなイメージが浮かんだ。そこで、この二つの映像を一緒にくっつけてやってみた。

誰かが私にお金を貸してくれて、そのままそっくり一千万円を銀行の窓口で返す。何回か、そのイメージを繰り返していると、なんかそうなるかも、とちょっと嬉しくなった。期日まであと二週間になった。

一千万円ください

三日後、仕事の打ち合わせである企画会社の人と会うことになった。担当者が代わったと、当人から電話があった。代った担当者と内容を議論し、次回打ち合わせのセッティングを終え、資料などの話をして、最後にその担当者が、「ほかにご入用なものはありませんか」と尋ねたので、彼はつい思わず、

「一千万円ください」

と言ってしまった。その仕事は五、六十万円程度の仕事だったが、「ご入用なものは？」と聞かれた瞬間、条件反射的にそう言ってしまったのだ。担当者の方は打ち合わせの最後に通り一遍のこととして尋ねてきたのだろうが、ご入用なものは、まさにその一千万円なのだ。

「はあ？　一千万円ですか？」

担当者から怪訝《けげん》そうな言葉が聞こえたが、口から出てしまったので、もう取り繕っている余地はない。

「ええ、月末までに支払うお金が必要で、なんとかしていただけたらありがたいのですが……」

初めて会う人に電話口で語る話ではない。

すると、相手が、こう言った。

「ちょっと、お待ちください。一回切ってもいいですか？　五分後にまたお電話します」

五分後、彼から電話があった。

「さきほどの一千万円の件ですが、あなたのお話を聞いて、ある弁護士の方を思い出したんです。前からあなたの仕事に興味を持っていた方で、実はあなたの仕事の前に、ちょうどその方と会うことになっているので、そのまま紹介します。だから、私に説明するのではなく、一千万円がなぜ必要なのか、どういう経緯でこのお金が必要になったのか、またどのようにお金を返すつもりなのか、細かなことを一度そのままその方に言ってみたらいかがですか」

生徒さんは非常に驚いたが、内心、弁護士なら、自己破産するときは事後処理を頼めるな、これは神の配慮かな？　と思った。

不思議な夢

三日後、担当者は約束通りその弁護士さんを紹介してくれた。彼は借金の経緯を話した。その弁護士さんは言った。

「分かりました。私が用立てしましょう」

「はあ？」

「私がお貸ししますよ」

「えっ？　誰ともよく知らない人に一千万円を投資するなんて大丈夫ですか？　どうしてですか？」

すると、弁護士さんはこう言った。

「実は、三週間前におかしな夢を見ましてね、一千万円を見ず知らずの人に貸して、後日、私が三千万円儲かるという夢なんです。お金のやり取りとか金額がありありと出てきて、いままでこんな夢なんて見たことありません。おもしろい、変な夢を見たなあ、なんかご利益《りやく》があるのかなあと思っていたら、三日連続で同じ夢を見たんですよ。

誰だか分からない男の人が自分に一千万円を貸してくれと言うんです。

私は、なに言っているんだろうと思っていたのですが、三日連続で友人や周りの人たちが口々に、『おまえはいいなあ、そんなことで簡単に儲かって』と私を説得するんですよ。とうとう三日目には、『分かったよ、あとで奢《おご》るから』と友人たちに言う始末で、なんで自分が奢らないといけないんだとちょっと憤慨しているんです。

あまりにも鮮明な夢なので、これは正夢かも、と一人で喜んでいたんですが、先日あの担当者から、『紹介したい人がいて、一千万円の投資……』と聞いた瞬間、鳥肌が立ちました。実はあなたの事業のことで興味があったのです。この話はあなたのことだったんですね」

生徒さんが一千万円を願った時間と、弁護士さんが夢を見たときの時間は違っている。二つの異なる時間が、それぞれの流れの中で、「一千万円がほしい……」「一千万円を貸す……」と起きている。生徒さんより、弁護士さんのほうが先に夢を見ているのだ。祈る前より先に、夢を見ていた人がいたのだ。タイムラグが、ここで一点になった。

彼はお金を借りた。わざわざ銀行の窓口に行って、願ったときの心象が現実となったことを見るために、通帳に記帳した数字をしっかり確認し、そして返済した。

この世の中は神秘に満ちている。あなたが考えている以上に、ぼくたちは世界と繋がっている。はたしてこの先、弁護士さんが三千万円儲かる世界が来るのかどうか分からない。これは、二つの連動しないはずの世界が、彼の祈りによって繋がったという実話だ。

彼の未来は、「よし、月末までに借金を返そう」と、言挙げしたことから始まった。そして、「これでいける！」と発したひと言で世界が動いた。言挙げしないと始まらないのだ。

なぜかというと、黙っていては神様や精霊にあなたの願いは聞こえない。言葉に出して「これでいける」と伝えるのだ。「月末まで返さなければいけない」という意識だけだったら、不幸は不幸のままだったかもしれない。彼は自分の意思を言葉にした。借金を月末に返している未来を言挙げして、世界を変えたのだ。

なにかの存在、神や仏や精霊が、うまいように世界を動かしてくれている。

言霊を言霊として生かす技

言挙げもそうだが、言霊を言霊として生かすには、つまり神や仏を動かすには、音というエネルギーが必要となる。古神道や密教で祝詞《のりと》や真言を唱えるにも、ただ言葉を発するだけではだめで、言葉にエネルギーを乗せ、技を技として効かせる。それには、胸のチャクラを使って音のエネルギーをつくるのだが、実際に講義でこの発声法を使ってみると、いろいろ不思議なことが起きる。発した声の波動が生徒さんたちに想いを届けることができるのは確かなのだが、逆に生徒さんの想い

胸の前で両手を交差させる

をキャッチすることがよくある。講義の中で無意識に出した具体例が、実は生徒さんの問題そのものだったりする。彼の想いをぼくが受け取るのだ。

胸の前で両手を交差させて、手のひらを内側にして脇の下に入れ、胸と胸の間に手のひらから出るエネルギーを通すようにする（イラスト参照）。声の振動が胸のあたりに伝わるように発声し、いろいろ音程を変えて、いちばん振動する音程を見つけていく。真言や祝詞やアーメンを唱えるときにはそれぞれの宗教の技法があるだろうが、技法はおくとして、音による振動を感じることに集中する。すると、あなたが口にした言葉が言霊と化す。手のひらでこの振動をずうっと感じながら、自分の言いたいことを言うといい。あなたがインプットするのだ。

いろいろな言葉をやってみると分かるのだが、いちばんやりやすいのは、「ありがとう」だった。感謝の気持ちがなくても、胸を振動させると言霊と化し、音のエネルギーがちゃんと伝わっていく。

先ほどの生徒さんは言挙げをするとき、胸のチャクラがちゃんと振動していたに違いない。

10・ごはんの祈り（自分で幸せになるために）

治った病気、治らなかった病気

友人の知り合いに、足が異常に腫《は》れて、歩くことも座ることもできなくなって入院した女性がいた。原因は拡張型心筋症という病名で、心臓の動きが悪くなり、体液が回らなくなって、象の足のようにむくんでしまったのである。

友人に頼まれて一度だけ病院に行き、イメージでその女性の心臓を手のひらで包んでエネルギーを入れた。また、本人が自分で同じことができるようにして、毎日自分でやるようにと伝えた。彼女は毎日私が教えたことを忠実に続け、気がついたら心臓は元気になっていた。

拡張型心筋症に対しては心臓手術。あるいは心臓を移植するしかない。手術の場合、小説にも出てくるバチスタ手術という心臓にメスをいれる方法だ。ところが彼女は手術もしないで良くなってしまった。

そのとき一緒の病棟にいた若い女性が、これが治るのなら何でも治るのだろう、自分も助けてくれということで、近くでやっていた気功教室に現われた。彼女は末期ガンで抗ガン剤を打っていたので、頭髪も眉毛も抜けてツルツルの状態だった。

彼女は気功教室に参加することもなく、教室の外でぼくの講義が終わるのを待つという出待ちをしていた。帰ってくれとは言えないし、講義が終わると中に呼んで手当てをして帰ってもらう、そんなことを一年近くしていた。彼女は抗ガン剤を続けていたが、髪の毛が生え出して、ガンの数値も良くなってきた。数値でほぼ治ったというところまでくると、彼女はぴたりと教室に来なくなった。これは良くなったのだろうなと思っていた。ところが、二、三カ月して、生徒さんの一人から、その人の病状が急変して、あっという間に亡くなったと聞いた。愕然とした。どうにも納得いかなかった。

その末期ガンの女性は気功そのものを信じていなかったし、自分自身も家族もガンが治るとは思っていなかった。もし治ると思っていたら、授業に参加したに違いない。しかし彼女はそう思っていなかったらしく、一年間で一度も教室に参加しなかった。一カ月に一度現われて、教室の外で授業が終わるのを待ち、ぼくはお金もとらずに三十分ほどエネルギーを入れた。なんとも不可解で、後味の悪いケースだった。

こういうことがあったので、気功の能力がなくても、なんとか自分でエネルギーを整えられるいい方法はないだろうかと考えていた。

奇しくも、それができあがったのは彼女のお葬式の日だった。その日は大阪で初めての二日続きの教室だった。その前日は別の仕事で徹夜だったので眠る間もなく、朝一番の新幹線で大阪に向かった。大阪に向かう新幹線の中で考えたものが、「ごはんの祈り」である。自分も尋常でない状況だったので、この祈りの誕生には忘れがたい印象がある。

幸せの原点

人はどうして自分で自分を変えることができないのか。病気で困っていたり、借金したり、虐待を受けていたり、どうにもならないほど苦しんでいる自分がいる。何にも感謝できない自分がいる。しかし、信じられないほど困った状態でも、ここからやり直せば変わっていけるという境界線があるはずだ。

それには、人間にとっていちばん古い情報を利用すればいいのではないか。個人の主観とか文化のノイズとか、信念の共同主観みたいなものや、幻想のニュアンス――そんなものが限りなく取り除かれた情報こそが自分自身をケアできるのではないか。

つまり、根源的なものとして何をトリガーにしたらいいのか、どれが効くのか。

愛とかセックスの感覚は、日高敏隆先生の動物行動学によると、人間の本能のプログラムに入っていない。性衝動はあっても、人間には本能としての性行動はないという（『動物にとって社会とはなにか』日高敏隆著　講談社学術文庫）。だから、これは使えない。使えるのは人間が持つ生物としての系統発生のいちばん古い感覚、生きていくための本能だ。つまり、生物の基本情報にある幸せの原点というのは、食欲が満たされたという満腹感、それと、心地良い居住空間にいることだ。だから、言葉でそういったエネルギーを誘導してみればいいのではないか。

そんなことを考え、「ごはんの祈り」ができた。


この糧《かて》は私を守り、育てます。いただきます。

幸せいっぱい、腹いっぱい。ごちそうさま。


この順序が、「腹いっぱい、幸せいっぱい」だと、二つが別々になり、トリガーにはならない。

「お腹はいっぱいですか」

「はい、お腹はいっぱいです、イエス！」

「そして幸せいっぱい？」

「えー、そうではないんだけど……」

ということもある。でも、「幸せいっぱい、腹いっぱい」というと、「あ〜、おなかがいっぱいで、このことが幸せなのね」と、意識が勝手に自分が幸せな状況であると認識してしまう。だから、ごはんを食べた後にこれをいう。気のエネルギーを使えなくても、ごはんを食べる前と後にこの二つの言葉を言うと、エネルギーを最大限にチャージすることができる。少なくとも自分のエネルギーを整えることが可能になる。


そして、もうひとつのトリガーの言葉、それはお風呂に入ったときだ。

「あったかーい、しあわせ〜」

湯船に肩まで浸かって、のんびりとした気分で言う。これは、本当にトリガーになる。お風呂に浸かれば、気持ち良く、誰もが幸せに思えるひとときだ。だから言葉に出して言う、「あったかーい、しあわせ〜」と。

「ありがとう」という言葉が世間でよく使われる。でも結局のところ、本当に困っている人は、「ありがとう」とか、「ありがとうございます」という言葉を、なかなか素直に言えない。例えば自分がガンなどの不治の病になっていて助からないかもしれないと思っているとき、「ありがとう」と素直に口から出せるだろうか。普通の状態なら正しいと思えることでも、困っているときにはそれが正しいとはかぎらない。「ありがとう」と素直に言える人は、最初からいい人だし、それほど困っていないのだ。

この「ごはんの祈り」なら、誰でもが普通に言えると思う。ごはんを食べて満腹感の自我をトリガーにして、強制的に、かつゆったりと、自然治癒力を発生させる。「あったかーい、しあわせ～」も、お風呂の中だったら素直に言えるだろう。

ネガティブを引き寄せるもの

さて、亡くなった女性を紹介してくれた生徒さんが、彼女の最後の状態が気になったのでお葬式に行った。その人からとんでもない話を聞かされた。

生徒さんはその女性の部屋に案内されたのだが、そこにはティム・バートン監督の「ナイトメアー・ビフォア・クリスマス」に出てくる骸骨のキャラクター人形が所狭ましと飾られてあった。彼女はその映画の大ファンで、キャラクター人形を何百点も集めていて、飾り戸棚、ベッドの周り、壁という壁、その部屋のありとあらゆるところがその骸骨人形で埋められていた。タンスの中までそういった人形が入っていた。訪ねた生徒さんはその異様さに驚かされた。

ちなみに顔というのは、書くだけで、気が入る。「へのへのもへじ」と書いただけで、エネルギー体はそこに憑依する。いわんや骸骨の顔は相当数の霊体を集めることができる。だから人間の顔の写真や絵がプリントされているTシャツを着ている方の筋力テストをすると、高い確率でネガティブな影響を受けていることが分かる。自分の体調が悪いときに、骸骨というエネルギーを身にまとい、昼も夜もそれにさらされていることは、そのエネルギーを引き寄せてしまうということだ。そういう状況の中で生活していると、ネガティブな方向に引っ張られてしまう。

肉体のコンピューターの幸せ

生物にとって、幸せである状態のいちばんコアの部分は、ごはんを食べて満腹感があることと、暖かく眠れるところがあるということだ。それを毎回強調するだけで、セルフの鎧《よろい》が外れていく。私は幸せではないという想いとか、私は困っているという想いを持っていたとしても、肉体のコンピューターに幸せであることを感じさせ、自分というセルフコンピューターに、もう一度幸せの想いを思い返してもらうのだ。
だからこれは心で信じなくても、効き目がある祈りだ。

この糧は私を守り育てます。いただきます。
幸せいっぱい、腹いっぱい。ごちそうさま。

お風呂の中でのんびりしながら、
あったかーい、しあわせ〜

トリガーとなるこれらの言葉は免疫力を高めるだけでなく、その人のオーラも運も全部変えていく。そして生き方も変えていく。

もうひとつ、お薦めのいい方法がある。
夜明けの太陽を見ることだ。朝日は世界を清める。太陽が輝き出したとき、その光が地面に届き、シューッと音を立てて、マイナスの気を消していく。もし、あなたにオーラが見えたら、その瞬間が分かるだろう。その太陽を手につかむ。そして自分の

「あったか〜い、しあわわせ〜」
（長野県「地獄谷野猿公苑」のサルたち：pixta）

体を太陽の光で満たしてみる。曇った日や雨の日はイメージでやってみる。あなたの闇がすべて消えていくはずだ。そして宣言する。

「新しい私が目覚めた」

11・肉体は考える（角膜が祈ったこと）

腸は考える、血管は考える、細胞は考える

『腸は考える』（藤田恒夫著　岩波新書）、『考える血管』（児玉龍彦、浜窪隆雄共著　講談社ブルーバックス）を読むと、とても参考になる。これらはきっとあなたの医学情報を大きく書きかえることになると思う。特に違うのは、細胞の意識の問題だ。

三、四十年前の医学では、中枢神経系の脳がほぼすべての肉体の情報をモニターし、データを集め、判断し、考えている、というのが常識だった。ぼくもそうだと思い込んでいた。それが一九八〇年代以降、大きく変貌した。

血圧が高くなったり低くなったりするのに、延髄脳幹の反射はいらないことが分かったのだ。どうしていらないのか。現場の血管がその場で収縮する意思を持ち、血圧を高くしたり低くしたりする。局所的に現場が自分の考えでやっているというのだ。

また、腸は消化酵素という分泌液をどのくらい出して、どの状態で、どの時間で、

この酵素を出しつづけるかをいちいち脳に聞いていない。情報を、現場がリアルタイムで処理している。だから脳は、腸の状態を知らない。「踊る大捜査線」みたいな感じだ。事件は現場で起きている。犯人がそこにいるのに、現場の刑事はいちいち本庁に聞いていられない。その場で捕まえるのみだ。

腸は考える。血管は考える。細胞一個一個が考える。その仕組みは前掲の本で科学的に解説されているので、ぜひ読んでほしい。衝撃的だ。つまり、臓器や組織に意思があることが分かってしまった。あなたが脳で考えることとは違うことが分かったのだ。

移植された他人の心臓の意識が、自分の意識の中にまぎれこんでしまう、なんていうホラー映画があった。ある男が心臓の病気で心臓移植を受ける。ところが殺人死刑囚の心臓だった。死刑になってすぐ、採れたて新鮮野菜みたいな心臓が男に移植され、うまく適合し、無事、臓器移植は成功した。しかし何年かのうちに、その男がだんだんと殺人者に変貌していく。殺人者の意思が宿った心臓が男の肉体を支配し、夜な夜な人を襲いはじめる……。これは西洋人が、心も心臓もハート（heart）と呼び、心は心臓に宿しているという考え方が基本にあるから、心臓移植で心が入れ替わってしまうという発想からつくられたホラー映画だと思う。でもこのホラー映画はありうる話だ。でも、問題はここではない。

角膜に映った像

ちょっと忘れがたいエピソードを話してくれた人がいる。

彼は幼いときから目が不自由で、角膜を移植した。手術は成功し、目が見えるようになった。二十年ほどたって、あることに気づいた。移植された目にある画像が映るのだ。

最初それは、幻覚だと思っていた。目を閉じて移植したほうの目で見ると、白黒の映像が見えた。いったい何だろう？　網膜の異常とか飛蚊症みたいなものかなと思っていたら、だんだん女の人の顔だということが分かってきた。やがて、とうとう気づいた。これは角膜を提供してくれた人の最後の記憶なのではないかと。ドナーの方が心の中に想い描いていた、見たくてたまらない相手、お母さんなのではないかと。

これは不思議な話だ。

臓器提供というのは善意によって不特定の人間に行なわれるので、ドナー側と受ける側がお互い分からないようになっている。だから受けた当人がドナーの親に会ってみたいと思っても、調べる方法はない。それがなんの因果か偶然か、彼は角膜のドナーを発見してしまった。ある年配の女性と時々顔を合わすようになり、偶然その人から、自分の子どもが亡くなって、ドナーとなったことを聞いた。状況が細部と一致して、その女性はドナーのお母さんであることは疑いなかった。受けた当人は網膜に映る女性の顔がその人の母親であることを瞬間的に確信した。正確に言うと、彼の細胞が瞬間的に理解したのだ。

お母さんをひと目見たいという、死んだドナーの想いは移植されて他人の角膜に宿り、その新しい持ち主の脳と心がその想いを理解し、無意識に探し求め、必然的に角膜は見つけた。もう年老いていたその人を瞬間的に見分けてしまった。それを分かったとき、脳も分かった。ひと目見たい、会いたいと思うその角膜の想いを理解していた脳は、そのとき満足したのだ。脳が満足すると、ドナーの想いは昇華し、その角膜は完全に彼のものになった。

角膜移植というのは、けっこう不適合があったりするので、ほとんどの場合、何度か再手術が必要になるという。でも彼は四十代後半になっても再移植もなしに、最初にもらった角膜でずっと世間を見ていた。彼は思ったそうだ。こんなに長い間見えている理由は、ドナーのお母さんに会ったからではないかと。

溶け合ってひとつになったその想い。

それから彼は再移植する必要性を感じなくなってしまった。

彼は言った。

「三十年たってまだちゃんと見えているんですよ。ぼくはもう手術をするつもりはありません。もしもこの目が見えなくなったら、もう新しい角膜はいらない。暗闇でいい。でもきっと私が死ぬまでこの角膜と一緒にいて、ちゃんと見えていると思います」

これはリアルな話だ。二人がラブラブになったのだ。移植された組織と移植を受けたボディがラブラブカップルになった今、分離する必要はない。気と気で繋がり、心と肉体が繋がったように、その目と肉体の細胞、脳が、つまりハートがひとつに繋がったのだ。

そんなことがあるわけない、なんて野暮なことは言えない。言うことさえ恥ずかしい。彼は真面目で真摯な態度で話してくれた。

そういうものなのだと思う。目の角膜一枚にも意識があり、考えている。

過去用の臓器と未来用の臓器

細胞自体に意識があるということに関連して、古代中国医学の基本概念「陰陽五行理論」に、内臓と感情の関係が説かれていることを思い出した。

肉体のすべての不調は心の表現であり、特定の感情と結びついている、とある。内臓と心は繋がっている。それを媒介しているのは気というエネルギーだ。


過度のネガティブな感情のエネルギーは、それぞれの臓器を痛める。怒りは肝臓、悲しみは肺、憎悪と短気は心臓、不安や恐れは腎臓、思い煩《わずら》いは脾《ひ》（消化器を含める）に溜まる。感情のエネルギーが適当な量であれば元気でいられるが、多くなりすぎると病気を引き起こす。臓器がある限り、感情はなくならない。

臓器の数というのは、実は、感情の性質に関係している。心臓と肝臓はひとつしかない。でも肺と腎臓は二つずつある。スペアとしてあるのだったら心臓も肝臓も二つあるべきなのに、神様はそうしなかった。その理由は、二つある臓器は、立ち上がる感情が過去と未来で別々に使われるからだ。そして、ひとつしかない臓器は「今、ここ」「現在」にフォーカスする。

肺は二つある。肺は悲しみを蓄える。悲しみというのは記憶だ。「あのときは悲しかった！」と過去から引っ張れるし、これから先を憂い、悲しみを引っ張ることもできる。臓器としてのエネルギーのデータ、感情の圧縮ファイルを、過去用のファイルと未来用のファイルで分散させて記憶しておく。

同じく腎臓も二つある。過去の恐れとこれからの恐れだ。過去の怖い体験を思い出して同じ感情を立ち上げることができる。そして、将来への不安に苛《さいな》まれる。

ところが怒りは「今、ここ」なのだ。出来事としては過去のことであっても、怒りは常にリアルなので、今しか怒れない。だから肝臓はひとつしかない。

心臓のネガティブな感情は、憎悪と短気。イラっとくるのはいま現在のことだ。過去にイラっとくることがあったとしても、感情としては立ち上がらない。だから心臓もひとつしかない。

つまりひとつしかない臓器は、時間軸で現在にフォーカスする働きが強い。二つある臓器は時間が今にフォーカスしているというより、過去の時空と未来の時空に分けて使われていることになる。左の肺は過去の悲しみを記憶しているし、左の腎臓は過去の恐怖や恐れを記憶している。

だから左側の悲しみには、「あれはあれで良かった」と言って、過去の自分を許して治す。右側の自己不信は「これからきっとうまくいく」と口に出して、未来と関わる不安を取り除いて治す。

角孫《かくそん》というツボがある（図参照）。耳の一番上のラインから、指一本分のところだ。このツボも左側は過去、右側は未来と関係している。もし、左側の角孫のツボをグリグリして痛みを感じるなら、あなたは過去への思い煩いやトラウマがあり、右側をグリグリして痛みを感じるなら、未来への不安を持っている。痛みを感じるほうをグリグリすると、その邪気が出てくるから、その空間へ柏手《かしわで》を打つようにパンッと叩いてやると、邪気が消える。

過去のトラウマと未来の不安や恐れをリセットする方法。

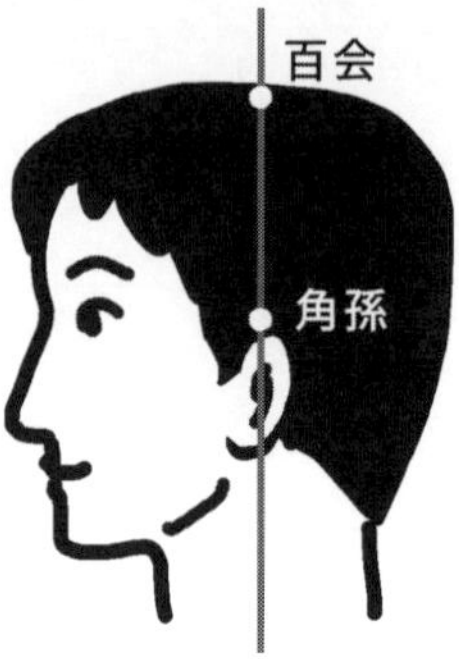

①両手を合わせ、胸のところで腕をクロスして、鎖骨の窪みの骨の下に指三本を添える（イラスト①）。ここに悲しみが溜まる。出生時のトラウマなど過去のトラウマは根源的には悲しみと憎しみでできている。そうしてから、「手からエネルギーが出る」と三回言う。

②この形から左手を外して左側に手を伸ばす（イラスト②）。右手はこのままで、エネルギーを左側の鎖骨の窪みにチャージするつもりで、左手は軽く円運動をする。左手の肘《ひじ》を伸ばし、楽な姿勢で右回り、左回りを二、三回ずつ回す。そして真ん中で止め

①

②

③

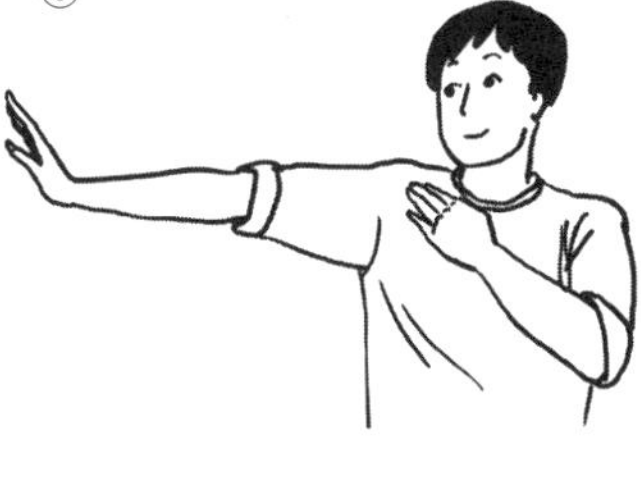

る。そしてこの左手から送られたエネルギーが、光となってずうっと左側の向こう側、水平方向に伸びていくイメージをする。左手の空間には過去のデータが入りやすい。過去へのエネルギーチャージだ。そこで、「あれはあれで良かったのだ」と三回言う。

ゆっくりと左手を元にもどす。「手からエネルギーが出る」と三回いう。
③次に右手を外して、右手を右側に伸ばす。左手は最初の位置（前頁イラスト③）。右手で先ほどと同じ運動を右側でする。右手から送られたエネルギーが光となって右側に水平方向に伸びていくイメージをする。右手の空間には未来のデータが入りやすい。未来へエネルギーチャージだ。「これからきっとうまくいく」と三回言う。

感情や性格が病気をつくる

ガンは特定の感情と結びついて発病する、と現場の医者が言っている（『ガンをつくる心 治す心』土橋重隆著　主婦と生活社）。

基本的にガンは挫折の病だ。なにか問題が起こり、そこに緊張と挫折があり、それが失敗の意識となって肉体に残ってしまったというのが根本にある。それに対応するテーマはたったひとつ、「許す」。これに尽きる。そのために言葉とイメージを使って、具体的に、リアルに自分の過去を許す。

肺ガンは悲しみと寂しさが原因だ。

乳ガンでも、右乳ガンの人は、本人は自覚していないものの家庭内への不平不満など、長期にわたる強いストレスがある。左乳ガンの人は、肉体を酷使した時期がある。膵臓ガンと胆管ガンはレントゲンでも判別が難しいが、膵臓ガンの人は、決して弱音を吐かず凛《りん》とした性格の持ち主であることが多い。胆管ガンは、腰が低く、素直ない人、といった印象がある。話をしただけで、どちらか判断できるそうだ。

セミナーの後でガンになった方から相談されることがよくあり、その人たちの過去の出来事を聞いていると分かってくることがある。S字結腸のエリアのガンになった人は必ずといっていいほど、借金に苛《さいな》まれた過去の出来事がある。借金で困っている間は、その不幸をエネルギーで頑張って耐えていくのだが、湧いてくるネガティブの波動は心と肉体を苦しめる。しかし、実際は溜まる一方のダメージが家族や仕事に振り分けられて、再利用され、みんな一緒に苦しむという形になっていく。家族の病気や仕事がうまくいかない、親戚の不幸……。つまり本人が受けているダメージは分散されて、自分の肉体はなにも影響を受けていないかのようだ。そのうち借金の問題が解決し、精神的にも肉体的にも頑張らなくて済むようになるが、一方で、行き場を失ったネガティブの波動が自分の心や肉体に振り分けられていく。それがガンとして現われるのがちょうど七年後ぐらいになる。肉体に出るとガンになり、心に出るとうつ病となる。だからうつ病とガンは同じタイプの人に多い。

脳腫瘍になる人は、必ず強い圧力を受けている。胃潰瘍などいくつかの病気は、大きな要因がストレスであることは西洋医学的にもはっきりしているが、ガンという病気でさえ、発症する部分によって、患者さんのストレスや気質などによる明らかな違いがあると言える。

身近な病気では、水虫は失敗することへの恐れ。痔は時間に対する焦りで、いつもセカセカしていることが発症の要因になる。見たくないものがあると、近視になる。アレルギーは周りの人の感情を過敏に受け止めてしまうが、我慢するだけだと、それを表現できない人に発症する。帯状疱疹は身近に許せない人がいるとき。子宮筋腫は、家族や会社に耐えて服従しているが、そのことを自分の内心でひどく怒っているとき。卵巣嚢腫《のうしゅ》は、母親の期待を裏切ることに耐えられないなど、精神的支配から逃れられないとき。子宮内膜症は、女性はこうあるべきという理想や思い込みが強い人。脳卒中は、人を支配したり仕切りたがるタイプ。糖尿病は、愛されていても愛されていないと思いこむわがままなタイプ。病気の要因にはこんな傾向があると言われる。

もちろんこれらは科学的に実証されているわけではないが、病気の本質に迫る重要な鍵になるかもしれない。自分自身が病気になったとき、性格がその病気になった要因のひとつだというのは、受け止めがたいかもしれない。納得もできないだろう。しかし、一度こんな背景に客観的に向き合ってみるのも必要なことかもしれない。つまり、病気になったら、体からのメッセージだと気づき、新しく生きる価値観をつくっていくチャンスなのである。

二十世紀に活躍したイギリスの医師、エドワード・バッチ博士（一八八六〜一九三六）は、病気や肉体の不調は、いままでの生き方が間違っていることに気づいてほしいというメッセージであると確信した。彼がつくった三十八種のフラワー・レメディは心を癒すための治療薬であり、彼はこれだけでほとんどの病いを治した。

病気になったら、あなたへのメッセージだと気づき、新しく生きる価値観をつくっていくチャンスなのである。

香りは大いなる癒し手

さて、怒りとか不安とか悲しみとか、ネガティブな感情に対して即効的に働きかけるものがある。それは香りだ。香りは五感の中で、唯一、感情に直接働きかけることができる。自分の好きな香りを嗅ぐと、ふっとネガティブな感情を置き去りにできる。香りは感情をコントロールする。それは脳の中で、感情をつくる部分と、香りを感じる部分が同じところだからだ。

　自然の美しい景色、例えば、草原の輝き、海に沈む太陽、青い空と山々の連なりなどを思い出し、そこで自分がくつろいでいるとイメージする。そこにふっとリラックスする香りが漂ってくる。「あ〜、いい匂いだな〜」と感じる。それは花の香りでもいいし、パンが焼ける匂いでも、コーヒーの香りでもいい。あなたの好きな匂いだ。すると、もやもやした気分が驚くほどスッキリしていくのが分かるはずだ。自分がリラックスする香りを見つけておこう。その香りを思い出す練習をしていくと、その場にその香りがなくても感情を和らげることができる。香りは身近な大いなる癒し手だ。

　アロマテラピーには、ラベンダーやカモミールのように、含まれている成分によってリラックスできる香りもあるので、自分がリラックスできる精油を選んでおくのもひとつのチョイスである。

12・笑いは最強の力

お地蔵さんのマントラは笑っている

神様を呼び出すには電話番号がいる。それがマントラ、真言だ。

お地蔵さんのご真言は

「オン カカカビサンマエイ ソワカ」

サンスクリット語だと、とても分かりやすい。

「Om ha ha ha vismaye svaha」

オーン ハ ハ ハ ヴィスマーイェー スヴァーハー。

haーhaーha……笑っている。笑う音が神様を呼び出す呪文になっているのだ。

お地蔵さんはある意味、最高の菩薩である。仏教ではお地蔵さんとは地の蔵《くら》、地下に住んでいる神様だ。浮かばれずに黄泉《よみ》の国にいるすべての者のために闇の世界に住まわれて、地獄のいちばん下のところにいる人を救ってくれる。すべてのネガティビティーや魑魅魍魎《ちみもうりょう》からも救ってくれる。だから事故現場にお地蔵さんが祀られていたりするし、東北の大震災で津波で流された海辺の町の辻々にもお地蔵さんが祀られた。

日本の古神道には「笑いの行法《ぎょうほう》」という技がある。何分間も笑いつづけて健康や福を呼び込む方法だ。神道の神様というのは基本的には笑っている神様なのだ。

笑いは不幸をはね飛ばす。笑って邪悪なものを外に出す。鬼があなたにやってきたら、「ハッハッハッ!」と大きな声で笑う。これだけでなんとかなる行である。

笑いは本能

アイブル・アイベスフェルトという動物行動学者が『プログラムされた人間』(霜山徳爾訳 平凡社)という本を著わしていて、その中に盲目の人の笑顔の写真がいくつか掲載されている。驚くことは、その人たちすべてが生まれつき目の不自由な人たちだということ。彼らは人が笑っている顔を見たことはないはずなのに、他人の笑顔となんら違いがない。彼らが盲目であるということさえ意識できない。

人は学習で笑いを獲得するのではない。ほかの動物は笑わないし、人間にいちばん近い哺乳類、サルでさえも笑わない。笑える生物は人間だけなのだ。

これは人間の本能には笑うことが組み込まれていることを意味している。もしこの世界を創った神様がいるとしたら、神様は私たちを幸せにしてあげようと思ったに違いない。幸せなときに、私たちは笑ったり、微笑んだりする。神様が人間を創るとき、神に似せて創ったという話があるが、神様と同じように、笑うこともちゃんとプログラムされたのだ。

赤ちゃんは神様にいちばん近い存在だ。

赤ちゃんに「いない、いない、バー」をやって見せる。「いない、いない」と言って両手で顔を隠し、手を開いて「バー」と顔を見せてあげると、赤ちゃんは大喜びで「キャキャキャキャッ」と声を立てて笑う。何度繰り返してもその笑いは続き、見ている人は思わず微笑んでしまう。赤ちゃんの笑顔を見るとどんな人も幸せになる。だから、私たちも赤ちゃんの真似をするのがいい。あるいは、目の前にかわいい赤ちゃんがいると思って、あなたを取りまく世界に、「バー」と満面の笑顔を見せてやるのだ。木々や周りの風景……すべてが喜んでくれるはずだ。

笑う角には福来たる

ノーマン・カズンズという人の『笑いと治癒力』（松田 銑訳 岩波現代文庫）という本がある。「笑い」を武器に、病んだ体から奇跡の回復をなしとげたことが書かれている。

カズンズはピューリッツァー賞を取るほどのジャーナリストだが、その彼に強直性《ごうちょくせい》脊椎炎《せきついえん》が見つかり、それは難病の膠原病《こうげんびょう》で、治る見込みがないと言われた。そこで諦める人もいるだろうが、彼は嘆いてはいられないと、自分でなんとか治る方法はないかと、世界中からお笑いのフィルム、おもしろい本、マンガなどを手に入れて病室に持ち込んだ。入院中毎日毎日、それらをずうっと見て、毎日笑いつづけた。すると、なんだか体が楽になった。レントゲンでも病巣の影が薄くなった。半年後、膠原病は治っていた。ドクターは５００分の１くらいの確率だろうと言った。これは、笑いが免疫を上げ、病気の治癒に働いたという実話である。

実は本当に笑わなくても、口輪筋《こうりんきん》を上げるだけで効果がある。さらに効果を上げるのは、感情を伴わせ、笑えるようなことを思い出しながら、「イーッ」と言ってみる。

そして究極的には鼻から声が出るように、「ヒーイー」とやってみる。さらに目を見開いてやる。これは怒りのリセットになる。実際にやってみると感情をコントロールできるのが分かる。これで人間は進化できる。

こんな話がある。

ある人が一枚の写真を見せられた。よくある会社の慰安旅行の記念写真である。三十人くらいの人が写っているのだが、見た瞬間ぞっとした。心霊写真でもないのに、なぜか不気味で怖いのだ。なぜだろう? よく見ると、誰一人笑っていない。口元も目も笑っていないのだ。見せた人がこう言った。その写真に写っていた全員が翌日、飛行機事故で亡くなったと。死ぬ寸前の記念写真だった。

人の無意識というのは、死ぬ運命がもうすぐやってくることを分かっているのかもしれない。楽しいはずの旅行なのに、誰一人笑顔になれなかったというのは、彼らの無意識は笑えなかったのだ。もし誰か一人でも微笑んでいたら、運命は変わっていたかもしれない。

顔はあなたの人生を表現している。今あなたはどんな顔をしているか、鏡でチェックしてみるといい。口角の下がった不機嫌そうな顔、疲れた暗い顔、怒っている顔、悲しそうな顔。そうだったら、あなたはそういう人生を送ってきたし、これからもそういう人生になることを自分で保証している。そういう人生におさらばしたいのなら、鏡の前で、最低一日一回は笑うことだ。そして思いっきり口角を上げてみる。笑っても口角が上がらなければ、両手の指先を押し付けて上にひっぱり上げる。笑う角《かど》には福来たる。本当は、笑う門《かど》というのは、笑う口角のことだと思う。

ブッダは『法句経《ほっくぎょう》』という素晴らしい経典を残している。

怒り、人を許せないというのは最大の不幸で、「怒りを消すのは、怒りなき心のみだ」と怒りの消し方を説いている。あなたが怒らない心になったとき、怒りを消すことができるんだよという教えだが、率直に言うと、それは笑うことだ。すべての不幸を消す力は笑顔なのだ。

西洋魔術にダイアン・フォーチュン（一八九〇〜一九四六）という大家がいて、心霊的自己防衛としていちばん効果的なのは笑うことだと言っている。

あなたが邪悪な呪術家に呪いをかけられてしまったとする。実際、能力のある呪術家に呪われて命を落としたり、具合が悪くなったりした例は山ほどある。しかし呪詛《じゅそ》されたときに、あなたが明るい青春映画やコメディーやマンガを見ていて笑っていたら、その呪いは撥《は》ね返され、呪った側が死んでしまうだろうというのだ。だから、笑いがあれば、特殊な防衛法もいらないし、呪術的な能力も必要ない。笑っていれば、楽しくて、明るくて、幸せになる。人生がうまくいく。笑うことができるのが頭のいい人だ。

さらに願いを叶えたいときの秘訣がある。そうなっている現実を思い、あなたが思いきって笑うことだ。志望校に合格したときも、恋愛が成就《じょうじゅ》したときも、就職先が決まったときも、喜びの笑顔に溢れている。あなたのオーラは黄色に輝いている。だから、そうなっていることを思って笑えば、願いは自然についてくるということだ。

「ハッハッハッ!」

腹の底から喉の奥を広げ、腹筋をへこませるのが極意だ。肉体が共鳴体になっているかのように、「ハッハッハッ」と全身で笑ってみる。

「笑い」は、生まれてきた人すべてに備わっている聖なる能力だ。あなたが微笑んでいるとき、そこには幸せの女神しかいない。

13・マイケル・クライトンの憑依霊（不幸はあなたを守る）

憑依霊の微笑み

マイケル・クライトン（一九四二〜二〇〇八）というベストセラー作家がいた。「ジュラシック・パーク」やテレビドラマ「ＥＲ」の脚本を書き、全世界で一億五千万部の本を売った。作家として超一流と言っていい。

彼はハーバード大学の英文学から自然人類学へ転向し、ケンブリッジ大学で人類学の講師を務め、その後ハーバード・メディカルスクールに入学し、作家活動をしながら医学博士号を取得した。それゆえ自然人類学や医学や科学の知識を基盤にたくさんのＳＦを書き、次々とベストセラーを生んでいった。一方、それまでのサイエンスものから離れて、変性意識の状態の調査を始め、ヒーリングやお告げなどの世界を体験していった。そして『インナー・トラヴェルズ』（早川文庫）というノンフィクション、自分自身の心の内的宇宙への旅を書くに至った。そのルポの中に、ユニークでスピリチュアルな体験談がある。

あるとき、彼は霊能者を紹介され、会いに行く。彼はその霊能者から、「あなたには霊が三体ついている。しかるべきときに浄霊をしましょう」と言われ、そうすることにした。すぐに霊能者のところに通い、浄霊が始まった。

彼は最初それが何なのかまったく分からなかったが、徐々に体が楽になり、心も清らかになり、浄化されるのを感じた。体が少しずつ軽くなった感じがして、スーッと自分の中から何かが出ていく感じがした。初めての感覚だったが、それは黒い塊のようで、人間のような気がした。イメージに現われたのはウォルト・ディズニーのマンガに出てくる悪魔と昆虫と小人だった。彼は浄霊をしている最中に、それらの霊が体から出ていくのを見てしまうという体験をしたのだった。

彼はそのとき、霊に言われた。

「もう大丈夫か？　私がいなくても……」

マイケルはその霊が悲しげに微笑んでいるのが分かった。

その後数日間、マイケルは若返ったかのように清らかになり、元気になっていた。

そして、あのとき自分が見たものはいったい何だったのだろうと思った。考えに考えると、ついに、その霊が父親に対する憎しみのようなものだったことに気づいた。父親から自分を守るために、その存在をつくり出したのだと。

彼は父のことが大嫌いだった。原稿の締め切りに遅れると、理由もなく父親のせいにした。日常の嫌なことを、父親を憎むことによって自分を維持していたことに気がついた。つまり、父親への想いが盾《たて》だったのだ。霊が出ていくことでマイケルはその盾を失い、もう父親のことを考えても、日常の嫌なことはあいつのせいだとは思えなくなっていた。

しかし、日が経つにつれ、心にぽっかり穴が空いたようになった感じがしはじめる。

「私は一人で生きていかないといけない」

あの霊を懐かしんでいる自分がいた。

ぼくはこの人の気持ちがよく分かる。ぼくも父が嫌いだった。父は鮮魚の運送の仕事をしていて、ぼくは有無を言わさずその仕事をやらされていた。長男だから魚屋をやらされている、やりたくない仕事をさせられているという想いは、やがて父への憎しみとなった。だからマイケルの気持ちがよく分かった。

不幸も必要

実は憑依霊でさえ、不幸でさえ、あなたを守っている。あなたはそれによって自分の弱さから目を逸《そ》らしていられるのだ。すべてを憎しみと不幸のせいにして、あなたは自分の弱さを補い、自分を保っている。

マイケルは憑依霊や不幸は生きていくための盾になっているということを、たった一回で見破った。あの憑依霊は自分が呼んだのだと一瞬にして分かった。心の中の想念、とりわけマイナスのエネルギーが引き寄せたのだ。彼にくっついていたのが父親と違う霊体だとしても、弱い心にくっついて、自分自身が崩壊するのを防いでくれていたのだと気づいたのだ。

憑依霊も不幸も必要必然だ。不幸から逃れる道は、独り立ちをするということである。何かのせいに、誰かのせいにしないとき、不幸は止められる。でも急がなくてもいい。本当にあなたがその気持ちになれたら、不幸はいらなくなる。そう思えなかったら、あなたにはまだ不幸は必要なのだ。

その昔、師匠に聞いたことがある。

「会社に嫌な奴がいるんです。やめていいですか？」

師匠は笑いながら、いいよと言った。

しかし次の会社に入っても嫌な奴はいた。師匠はそうなることを知っていた。

神様が、自分に必要な不幸な出来事で、ぼくたちを守ってくれているんだな、とあとで分かった。それが分かれば、より大きな不幸が来たとき、「今この不幸があるので、間に合っています」となるわけだ。


不幸だっていいのだ。このマイケルの話を聞いた上でのことだったら、不幸もいいと思えるだろう。不幸もまたあなたを救い、悪もあなたを救っていたのが分かる。

知っておいてほしいことがある。実は、悪も正義もない。本当は消さないといけないマイナスなんてものはないのだ。本当は、不幸を責めないことが幸せになる方法だ。不幸と一緒に歩いて行ってみる。そして余裕があるのなら、その不幸に明るく笑ってあげよう。不幸も優しく包み込んであげよう。

不幸が盾だったと分かったとき、あとは外す準備をするだけだ。これは自分に必要だったから持っていたのだと思えたとき、その不幸は自然に外れていく。

あるいは、憑依霊がいらなくなったときに、その憑依霊にこう言ってあげられる。

「本当に大丈夫か？　さようなら」と。

浄霊やお祓いは効くのか？

その後のマイケルの人生はどうだったのだろうか。

彼は数々の栄誉ある賞を受賞したが、私生活は波乱万丈だった。四回の離婚と五回の結婚、たくさんの訴訟問題があり、喉頭ガンとリンパ腫になり、亡くなる寸前まで化学療法を受けていた。六十六歳だった。

マイケルの浄霊は不完全だったのだと思う。彼が空虚になっただけでは救われないし、抜いた霊体も神様になっていないといけない。憑依霊だからまた戻ってくるわけで、抜いた霊体も戻ってくる。誰かを助けてあげたい、指導してあげたいという想いが霊体となり、ぼくたちの範疇では、指導霊だって憑依と考えている。

実は、西洋のエクソシストも日本のお坊さんも神主さんも、完全な浄霊、お祓いというのは難しい。

まず、浄霊やお祓いをするには、気のエネルギーに対する正しい理解が必要だ。つまり、神様も霊も、気のエネルギーのヒエラルキーの段階にすぎない。ぼくたちはより高いものを神仏、より低いものを憑依とか妖怪とか言っているにすぎない。普通の人間が気功のエクササイズで使える部分に、上位の気と下位の気が存在していて、それを気功の修練によって感知し、会得し、これも気、あれも気と学んでいく。ぼくたちの場合、気功を先にやっていたから、浄霊やお祓いができるようになったと言える。

たとえば、あなたはお祓いのためのスマホを持っているとする。お祓いというソフトがダウンロードされていたら、お祓いはできるだろうが、ほとんどの場合、肝心のそのスマホに電池が入っていない。そのスマホを動かす電池は人間の肉体のエネルギーと精神エネルギーと、さらに気のエネルギーをブレンドしてつくられ、その上で儀式のフォーマットを生かさなければならない。だから、秘伝の書があるとして、その通りに儀式を行なったとしても何もできないし、秘密だったマントラが公開され、そのマントラを唱えたとしても、何も起きない。

お祓い師としてのぼくたちがそのフォーマットを知っていて、伝統にのっとり、真言や声明《しょうみょう》をちゃんと発することができたとしても、ぼくたちが「良い人間」でなければ、お祓いのフォーマットは発動しない。また良い人間になるだけでは足りない。武術家のボディと精神力、宗教家の心、それらを使って、地、水、火、風の四大のエネルギーを動かし、初めて儀式のフォーマットを生かすことができる。この三段階が必要だ。体力があって、良い人間であって、こういうことに興味があって否定しないこと。そんな条件が整えば、そのまま、お祓いのスマホが使える。

もちろん使える人はいる。本来は誰でもできるノウハウなのだが、この気力、体力を修練で高めていくノウハウが、お祓いという儀式に存在していなかった。つまり、ここをちゃんとやれば、祓うことができる。

気功自体には何も使い道がない。あるのは自分のスーパーナチュラルだけで、元気になって心は穏やかになるが、それが何になるかといわれたら、何もない。自己満足でしかない。しかし、気功のエクササイズを通して密教のお祓いとかエクソシストが働くシステムを見ることができ、分かってきたことがあった。気功をやっていなかったら、ただのオタクで終わっていたと思う。


お祓いの儀式の最終段階は、憑依霊や妖怪の霊体が神様レベルになるところまでしないといけない。霊体がただ離れただけでは、浄霊は終わっていない。彼らが神界に上がって行けるように神様に頼んで、神様の波動と共に一緒に上がってもらう。そうすると彼らは、感謝の気持ちでいっぱいになり、ぼくたちの眷属《けんぞく》として働きたいとまで思うようになる。彼らはいつでも天界から出番を待っている。

14・ニコチンは霊を引き寄せる

タバコは聖なる植物

タバコの起源は紀元前の中南米のマヤ文明まで遡るといわれる。いちばん古い記録として、南メキシコのパレンケ遺跡に「たばこを吸う神」という古代マヤ文明時代のレリーフがあるが、七世紀末に栄えたマヤ文明では、タバコは神事や祭事の供物《くもつ》であり、その香りを捧げることで戦勝を祈願したり、占いや病気の治療などに使われたりした。それが、一四九二年のコロンブスの新大陸発見以降、マヤ文明はスペインの支配と蹂躙《じゅうりん》で悲劇的な末路を辿《たど》る。しかし皮肉なことに、彼らがマヤの神に捧げた聖なる供物、タバコはスペインからヨーロッパの国々にもたらされ、世界中に広まり、今ではその常習性とニコチン毒から、タバコの箱に「喫煙は人を殺します」（Smoking Can Kill You. イギリス）と警告の文言が付されている始末だ。

本来タバコという植物は聖なる力を持っていた。

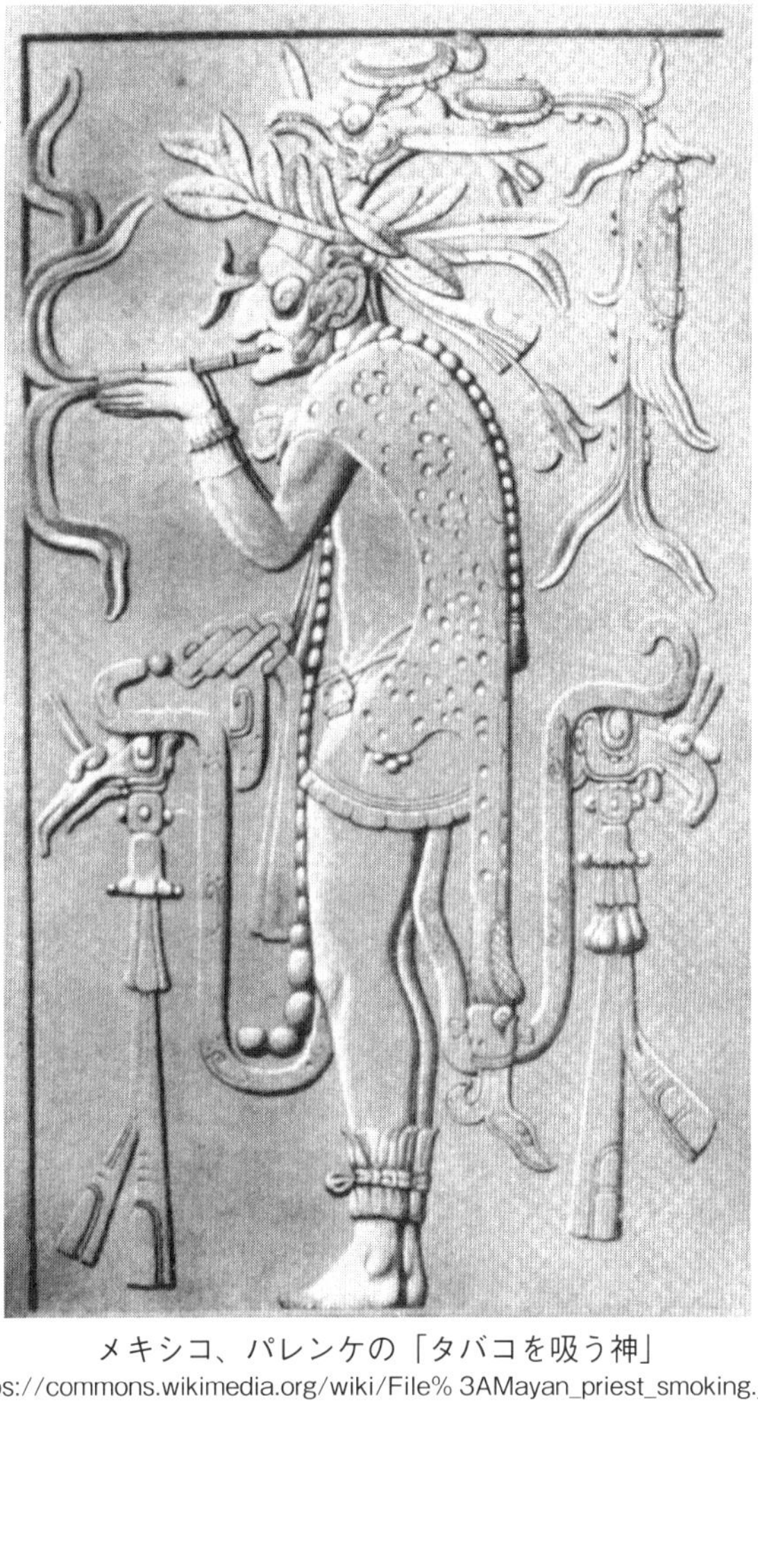

メキシコ、パレンケの「タバコを吸う神」
(https://commons.wikimedia.org/wiki/File% 3AMayan_priest_smoking.jpg)

ネイティブ・アメリカンのラコタ族には、ホワイトバッファロー・カーフ・ウーマンという女神が現われて、ピースパイプという聖なるパイプをラコタ族の人々に贈ったという伝説が残っている。

タバコはネイティブ・アメリカンの呪術に使われる聖なる薬草である。タバコは種を蒔《ま》くときから祈られ、生育後、さまざまな薬草と共にパイプに詰められ、祈りの儀式のために使用される。人々は祈りながら、その刻んだ葉をピースパイプと呼ばれるパイプに詰め、人々のために、世界の平和のために、その全行程をパイプをふかしながら祈る。立ち上る紫煙は、タバコの精霊がこの世の俗塵《ぞくじん》、怒り、悲しみ、罪、汚れを贖《あがな》いとして吸い取ってくれ、聖なるものとして天に届けられる。

タバコに含まれている成分が霊的なものとなんらかの共鳴現象を起こす、ということが確かにあると思う。

タバコと霊

原始的な浄霊の方法のひとつにニコチンウォーターを使うやり方がある。ニコチンウォーターというのは、習慣性のあるニコチンが飲料水に少量含まれ、禁煙代替品として使用されるドリンク剤だ。

幽霊は水分のある湿ったところが好きなので、部屋の湿気をとると、幽霊は居づらくなる。エクソシストはそこにニコチンウォーターを用意する。幽霊はニコチンと同じ波動を持っているので、共鳴現象でそこに引き寄せられるという。つまり幽霊は、水分とニコチンでできているニコチンウォーターに付着しやすい。だからエクソシストの仕事は、幽霊が付着したらその水に封入し、あとはその水を浄化して捨てればよい、ということらしい。

つまりニコチンはネガティブなものを吸着させるためにある。ニコチンは不幸を呼び寄せる物質なのだ。だからまだタバコを吸っていたら、あなたに明るい未来はないということになる。

出口王仁三郎はタバコと霊の関係をよく知っていた。

彼の許には悩みを抱えたたくさんの面会者たちが来る。王仁三郎は話を聞きながらタバコの煙を口に含んで、彼らにその煙をよく吹きかけた。面会者たちはたくさんの霊を連れてくるので、タバコの煙を吹きかけることで、その霊たちを彼らから吹き飛ばしていたというのだ。王仁三郎ならではの悪霊撃退法である。王仁三郎自身はタバコの煙は絶対に喉を通さなかったという。

ぼくは三十年ほど前に一日六箱のタバコを吸っていた。ニコチンがずいぶん体に溜まったはずだ。共鳴現象でニコチンが幽霊を引き寄せるということが分かって、これまた不幸も呼び寄せるということだと気がついて、タバコをやめようと思った。その頃、気功で体を練ることにずいぶん時間を費やしていたが、喫煙の習慣は気功の練習の効果を減らし、超能力も弱め、心を軽くすることもなく、つまり、いいことがひとつもないと気がついて、本当にやめようと決心した。

ぼくはたった一日でタバコをやめることができた。やめられないのは別にやめる理由がないからだ。こんな話をすると、たくさんの受講生たちからタバコを一日でやめることができたという報告があった。

タバコをやめられない理由があるかもしれない。タバコを吸ったら落ち着くんだよとか。でも、落ち着くのはニコチンが効いているからではない。それはタバコを吸うときにゆっくりと深い呼吸をするからだ。タバコが害であることは医学的にも証明されているし、あなたもそれをちゃんと知っている。

タバコをやめることは本当は難しくない。感情でやめるのではなく、ちゃんとした思考で決心するのだ。そして、タバコにきちんと礼を言う。

「私の不幸をすべて引き受けてくれてありがとう。もうこれからは一人でやっていけるから大丈夫だよ」

思考して、決心して、感謝して、最後に別れを告げる。タバコもあなたの独り立ちを祝福してくれるはずだ。

西洋魔術としてのシガー

これからも喫煙するつもりはないが、余談として、タバコが西洋魔術《まじゅつ》となる使われ方があることを思い出した。タバコがスペインからフランスへ、そしてイギリスの貴族社会に入ってくると、葉巻タバコ、シガーが極めて優雅な一種独特のスタイルとして定着した。実はこのスタイルが願望実現のマジックにもなっている。

照明を落とした落ち着いた部屋で、革張りの椅子にゆったりと座る。マッチでシガーに火を点し、くゆらす。オレンジ色に輝いたシガーの先から紫煙が立ちのぼり、なんともいえない香りが漂う。その香りを楽しみながら、紫煙の流れを目で追い、自分がこの先どうなっていきたいか、ビジネスをどう展開し、どう成功させるか、さらに自分の欲する幸せな感覚をゆっくり感じていく。これは至福の一瞬である。これがマジックである。なぜなら、夢とか希望に対して「ああ、実にいいな～すてきだな～」と酔い痴れると、その夢が叶っていくからだ。

シガーの先で輝いている火の色を思うと、あなたの意識は下腹部のチャクラ・丹田に共鳴し、現実の世界が動く。紫煙の紫色を思うと、頭頂のチャクラに共鳴し、宇宙と繋がるエネルギーが集まってくる。さらに、いい香りにはいいエネルギーが宿る。こういうシガーのたしなみ方そのものがちゃんとチャクラに共鳴し、チャクラが開放される。その結果、ナチュラルに願望が実現していく方法となっている。

ところが願望実現のためには、シガーはいらない。シガーのイメージも必要ない。イメージだけで楽しむことができる。

幸せだと思うことが良い運命をつくっていく。また、幸せになりたいという願いをフワッとただそこに置けばいい。いい感情と思考をいっぱいつくったら、それは外に溢れ出る。そして七カ所のチャクラからいつもいいエネルギーが出ていたら、チャクラは閉じなくなる。

ぼくたちが幼い頃は、チャクラは開いていた。以前のことを思い出さないし、これからのことも心配しないから、邪気は発生しなかった。大人は自分で毒をつくり出す。邪気が帯電して、ゼラチン質の感情とガス状の思考が生じ、その邪気が自分のところに戻ってこないようにチャクラが閉じてしまうからだ。

さあ、そろそろタバコにさよならを告げ、あの無邪気に帰ろう。

15・宝くじに当たる秘密

当たる共通要素

お笑い芸人ダウンタウンのテレビ番組で、「宝くじ複数回当選者」が出てきて、宝くじに当たる秘訣を話していた。二人の当選者が登場し、「複数回当たっている」ことの証明として、当選金が振り込まれた通帳を提示し、インタビューを受けていた。田中（仮名）さんは十二年に一度当たると言い、これまで高額の一等賞が二回当たり、その総額は七億五千万円だという。購入する枚数はたった十枚ほど。古い通帳がなくなってしまったということで、記録には最近の当選六億円しかなかったが、それでも高額の振込金額はリアルだった。上坂元祐《こうさかもとすけ》さんも文字通り複数当選者で、一億五千万円のほか、数千万、数百万円単位と、かなりの回数を当てている。

宝くじに当たる共通の話はこうだ。

西の方位で宝くじを買う。

売り場の窓口が西側を向いている。

自分の部屋の西側に黄色のモノを置く。

宝くじを西の押入れに保管する。


この共通要素は気学と風水だ。それだったらぼくたちも知っているし、金運は西からやってくるとか金運の色は黄色とか、誰でもが知っている。これは金運の大原則である。このことは「宝クジに当たる」的な本にも、基本事項として書いてあると思う。で、占いクラスの生徒さんたちに聞いてみた。

「あなたたちは宝くじを買うとき、この大原則をやっていますか?」

答えは「ノー」だった。意外や意外、誰もやっていない。頭で分かっていても、実行する人はいなかった。

テレビの二人が基本にやっているのは、たった二つのこと、金運の方位は西、金運の色は黄色——これは風水の基本となる「九星気学」から出ている。そして自分の生まれた年や日にちから、自分にとっての強運日や時間を割り出して、その上で宝くじを買いに行っている。

テレビでは解説していなかったが、田中さんが十二年に一度、当たりをつけて宝く

砂でできた「寛永通宝」(香川県観音寺市)。宝くじ８億円の一等当たりくじが２本、またロト７の一等が２本（16億円）出たと話題になった売場「観音寺チャンスセンター」の近くにある(http://find-travel.jp/article/17974)。

じを買うのは以下の理由だ。

十二年というのは木星の周期である。木星は約十二年で天を一周するので、十二等分して十二支を当てはめて考え出されたという説がある。誕生日によって年回りの星の方位、指し示す星座が変わり、自分にとって木星の力が高まることが十二年に一度起こる。木星は西洋占星術では幸運を示す。十二年に一度の強運の年ということだ。

大阪の住吉大社では、最初の辰日《たつび》にお参りすれば招福を得られる初辰《はったつ》参りというのがある。一年に十二回お参りし、正確には四年で満願成就するというもの。辰は龍だ。つまり龍は木星を表し、幸運を呼ぶ木星の力、つまりドラゴンの力を借りるということだ。


もうひとつ、田中さんも上坂さんもある同じことを指摘していた。これは核心をついているなと思った。売り場の窓口の売り子さんがニコニコして、いい笑顔でクジを売ってくれること。むっつりしていたり、無愛想な感じの人の売り場では当たった試しがないと言っていた。

窓口の売り子さんが貧乏くさくてはだめだ。宝くじが当たることは幸せなことだから、宝くじを手渡す張本人が幸せでないといけない。これは引き寄せの法則だ。笑う門には福来たる。金運は笑顔がつくる。笑顔のない人から金運はやってこない。

宝くじを当てた生徒さん

最近、生徒さんたちが「宝くじに当たりました」と報告にやってきた。他にも高額当選の報告が続いて、ぼくもびっくりした。金運講座を何度かやっていて、金運を引き寄せる気功や考え方を講義したことがある。その背景にある考え方は難しいことではない。問題は、その簡単なことを自分の中に容易に用意できるかということ。高額当選には理由があり、当たるのは必然性がある。もしあなたが弾むような楽しさを持っていないなら、宝くじを買っても当たらない。

そして、当たらないのも必然性がある。あなたの潜在意識の中に、お金は邪悪なものだという考えがないだろうか。買うときに、当たるわけがないと考えながら買っていないだろうか。

あなたの目標は、単に宝くじを当てるというだけになっていないだろうか

幸せは、先に私たちがつくり出す感情や想い、そして思考で用意するのだ。まだ当たってもいない宝くじが当たって喜んでいる――もうすでに過去になっているかのように喜ぶことだ。当たる、当たらないという不安ではなく、当たるのが必然だ、だか

らそれを何に使おうかとリストに書いて楽しんでみる。そして、宝くじに当たり、当たったお金で楽しんでいる自分がいる。そこには欲望はなく、ただ満足感があるだけだ。

あなたがイメージで使える最高金額はいくらだろうか。マンションを買って、車を買って、旅行して、合計一億円になりました……それがあなたのイメージだとしたら、あなたの金運はそれが上限で、それ以上はない。だから人によって、金額とか金運の効き目は大幅に違う。だから使える金額の可能性を、思い込みでいいからつくってみる。そして、当てた一億円で何をしているのか、それを楽しんでいる自分を心から感じることができるだろうか。

先の高額当選者の生徒さんは、十億円の巨大金塊の写真や札束の写真を常時見ていた。でも最初、それはリアルなイメージとならなかった。どこか異質な感じがした。そういうお金が自分のものになるという実感がなかったのだ。それでもめげずにイメージしつづけ、こんなことをしている自分ってアホだなあと思ったりしたが、そのうち、お金のイメージに馴染んできて、なんとなくリアルに思えるようになった。イメージが熟してきたのだ。気持ちもワクワクして、もう当たるのが確実だと思うように

伊豆「土肥金山」では、世界一の巨大金塊（250キロ／10億円相当）に触ることができる。この金塊の写真を高額の宝くじを当てるためのイメージとして使うことができる（http://s141.web5.jp/album/130129gold/gold.html）。

なった。そろそろだ、機が熟したと感じた。そして、本当に当たってしまった。当たったときは飛び上がるくらい嬉しかったけれど、一日たって気持ちが落ち着いたら、あまりにセオリー通りに当たってしまったことに、怖くなったらしい。

ハズレくじの恩返し？

昔、やはり宝くじを何度も当てるという人がいた。当たる法則性のようなものがあるのではないかと、わざわざ会いに行って話を聞いたことがある。

ずいぶん長い間、宝くじを買いつづけた。何年も当たらず、ハズレくじが溜っていた。でも、彼はハズレくじを捨てないで押入れに大事に保管し、ふてくされることもなく宝くじを買いつづけた。押入れの中のハズレくじが山積みになった頃、彼は不思議な夢を見た。

押入れの中でハズレくじたちが集まって何か相談している。

「みんな、そろそろ、一等賞を当てさせようよ。ご主人はぼくたちを捨てずに大事にしてくれているし、声もかけてくれている」

「そうだそうだ、みんなで力を合わせて、そうしよう」

空クジの紙切れたちがそんなことをぺちゃぺちゃとしゃべっていた。

彼は、夢があまりにもリアルなので、ひょっとしたら本当に一等賞を当てるのではないかと思った。

果たして、それから、彼は当たりつづけた。おもしろいように当たりつづけた。

おとぎ話のような話だ。

先述の上坂さんは『宝くじ大当たり黄金の法則』（学習研究社）という本を出していて、その中で、宝くじを人間のように大事に扱っているとおっしゃっている。また先祖や生き物を大事にし、すべてのものに感謝しているという素晴らしい方のようだ。

16・モノは心を持っている

モノと繋がる

すべての物質は波動、エネルギー、気を出している。人間も動物も植物も石ころも。そして私たちの生活はすべて物質で成り立っている。モノが波動、気を発すると、意識が動きはじめ、「もののけ」になる。これはアニミズム（宗教の原始形態）の世界観だ。あの「もののけ姫」の「もののけ」には、妖怪みたいな怖いイメージがあるかもしれない。古語における「モノ」は、鬼や精霊など、実態を伴わない感覚的な存在を指しており、神話では明らかに生きている存在である。

では、物質と生き物の境目は何だろう。かぎりなく分解していくと、どちらも酸素、二酸化炭素、窒素などからできており、生き物もモノも全部同じである。だから、先の先で、すべては繋がっているのだと思う。

生き物に心があるように、実はモノにも心がある。生き物よりは薄いが、モノもアストラル体というエネルギー、心の気を発している。

一九七〇年代に、清田益章《きよたますあき》君という一人の少年がスプーンを念力で曲げて、世間をあっと言わせ、マスコミの寵児となった。今では引退してしまったが、清田君はぼくと同世代で、当時の少年たちがそうだったように、ユリ・ゲラーのスプーン曲げを見て虜《とりこ》になり、自分もやってみたらできてしまった。ほかにもできた人はけっこういると思う。

清田君がスプーンを曲げるときは、たいてい主催者がスプーンを用意するのだが、五分とか十分で曲がったりすることもあれば、二時間かかってしまうこともある。プレッシャーがあると長くかかってしまい、自己顕示欲からインチキをしてしまったときもあったようで、マスコミに叩かれた。

ずいぶん昔の話だが、清田君にスプーン曲げをお願いして、百円均一ショップで買った十本のスプーンを用意した。見た目にもまったく同じで、同じ工場のラインで作られた均一のものだ。彼はまずその十本から曲げようとするスプーンを選ぶ。不気味なのは、一本選んで「これでやります」と言って、彼がスプーンに触った瞬間、すでにスプーンの柄の部分が柔らかいのだ。それが一秒もかかっていない。スプーンを持っただけで、柄の部分がくねっと曲がってしまった。そして、たちまちクラック（ひび）が入って、上の部分がポロっと落ちた。

もっと驚いたのは、ステンレスのスプーンを曲げて、ヘッドがポロっと取れた後、ヘッドを柄の所に近づけると、柄がクルッと回転した。スプーンが磁化していたのだった。ステンレスは鉄ではないので、本来磁石にはならないはずなのに、取れた柄を砂鉄の中に入れると、砂鉄がくっついてきた。こっちのほうが曲げるより不思議だし、通常では考えられない。超能力で曲がるとか折れるとか以上のことが起きている。磁石になっていたのだ。

清田君は曲げるスプーンを選ぶとき、実はスプーンの幽体とコミュニケーションする。「いまからスプーン曲げをするんだけれど、曲がってほしい」とスプーンに語りかけると、「あら〜、曲がってもいいわよ〜」とか、「自分はそんなことはしたくないな」「興味ないけど〜」「どうして曲がらないといけないの」など、十本それぞれから違う返事が返ってくる。そこから彼は曲がることに好意的なスプーンを選ぶのだが、もしもスプーンたち全員が曲がることに興味を示さないときは、時間がかかってしまう。手伝ってくれると言っているスプーンがあれば、彼が触った瞬間に、柄の部分がすぐ柔らかくなって、スプーンのほうから曲がってくれる。つまりこれは、モノとの共同製作なのだ。

植芝盛平の弾除けの話にも共通性がある。

植芝先生が弾を除けるというのは、モノにも幽体があることを物語っている。弾の幽体が射手の意識に同期して、射たれた弾が先に教えてくれる。それが先に飛んでくる黄金の光であり、植芝先生はそれを見て、凄技で避ける。そのあと実弾が飛んでくるので、弾は植芝には当たらない。もしも、弾が先生を殺したくないと思い、射手の当てようという瞬間の意識と合っていなかったら、弾は先生を避けてくれるはずだ。弾の意識は、「殺す理由なんかないし……」ぐらいのもので、植芝先生を避けるのだ。

モノには意識がある。それとこちらの意識を合わせるから「合気」なのだ。モノの意識に合わせる気であって、意識や念力で、向かってくる弾や射ち手に影響を与えたのではない。それは物質であろうと、生き物であろうと一緒だと植芝先生は思っていたに違いない。これが合気の真髄だと思う。

モノを大切にするといいことがある

ずいぶん昔の話だが、西洋魔術《マジック》のイギリス人の師匠がいた。彼はモノをとても大切にする人だった。父親が着ていた古いコートや時計やペンを愛用し、大事に扱っていた。それらはすでに彼の一部になっていたかもしれない。

ある日、彼のライターが壊れてしまったので、ぼくは百円ライターをあげた。どこにでも売っているあのプラスチックの使い捨てライターだ。使い捨てだから、使っていれば中身はなくなり、当然使えなくなる。彼が、オイルの交換をどうしたらいいのかと聞いてきた。これは使い捨てだからまた買ってきてあげるよと言ったら、彼はどうしてもこのライターを使いたいと言い張る。壊れていないし、オイルを入れればまた使えると。「使い捨て」という概念もその言葉も、彼には理解できなかったのだ。なんだかんだと言い合った末に、「このライターは君がぼくにくれた最初のギフトだから」と結論づけた。彼にとってあの百円ライターは記念すべき意味のあるものだったのだ。ぼくはショックを受けた。その気持ちを理解できなかった自分を恥じた。

当時はよく分からなかったが、イギリスのマジシャンはモノというものについてよく知っていたのだ。モノには心があるということを。

大リーガーのバッターは空振りして打てなかったりすると、悔しさのあまり、バットを投げ捨て、挙げ句の果てにバットを折ってしまう選手がいる。イチロー選手はそんな選手たちに怒り、吠えた。「おまえら、それでもプロか」と。

日本的な感覚だと思うけれども、それがイチローの成功の秘密だと思っている。彼は新人でもないし、ベテランの名選手だ。それなのに誰よりも早く球場に入る。そして、グローブやバットやスパイクを一つひとつきれいに丹念に磨く。使わないものも含めてすべてを。試合のあと同じように、このルーティンで締めくくる。このバットがあるから球が打てる、仕事ができるのだと磨き上げる。彼は野球の職人だ。

名職人の共通点は、道具を大事にすること。道具は自分の次に大事だという人もいる。イチローも同じだ。ノミやカンナや包丁を大事にする大工さん、板前さんたち職人、彫刻家もまたしかり。モノに心があることを知っているイチローはそれに守られている気がする。

モノを大事にしたら、モノはあなたにいいエネルギーを返してくれる。感謝もする。すべての物質をちゃんと愛したら、物質もまた私たちを愛してくれる。

宝くじの高額当選者の上坂さんはモノを大事にする人だった。ハズレくじを大切にしていた人も高額当選者になった。お金に愛される条件のひとつに、モノを大事にするということがある。モノの頂点にあるのは「金《きん》」で、それがモノの王様だからだ。

なにかひとつ愛用品を持ってみる。消耗品ではなく、毎日使うちょっと高価なモノで、時計、アクセサリー、メガネ、パソコン、携帯電話でもいい。そして名前を付けて、愛を注ぎ、大事にして、可愛がる。そして気を入れてみる。

それらが周りのほかのモノたちに語りかけるかもしれない。

「私のご主人は私をとても大事にしてくれるの。すごくいい人よ」と。モノからモノへと「あなたはいい人」という情報が伝わり、世界はあなたに味方する。

だからモノは護符になる。そして、あなたはより大きな世界と繋がって一体になり、もっと大きな器になる。

必要なくなったモノを捨てるときは、ちゃんと感謝の言葉をかけてあげる。モノに手をかざして、左巻きに手を何度か回してモノのエネルギーを抜き、「これまで、どうもありがとう」と言って、お別れをする。

ぼくは愛車に名前をつけて可愛がっている。その名前は秘密だが、「今日も元気かい」とか「いつもありがとう」とか、声をかける。ハンドルの奥のあたりに気のボールを投げかける。

あるとき、その愛車が駐車場でぶつけられて凹みができた。可哀想にと思って、いつものようにヒーリングした。しばらく経って気がついた。いつのまにか凹みが元通りになっていた。ぶつけられた形跡もなくなった。車が自分で自分を「治した」と思っている。健気な子だ。

長く使っている洗濯機がある。よく働いてくれているので感謝していたが、あるとき動きが遅くなり、回転がおかしくなった。寿命なのかなと思ったが、「ちゃんと自分の仕事をしろよ」と元気づけた。そうしたら、回転は元に戻り、前より調子が良くなった。

モノには心があるという話である。

だから、スプーン曲げも難しくない。

17・「スター・ウォーズ」の魔術（成功のしかけ）

ジョージ・ルーカスと『千の顔を持つ英雄』

昨年十二月、「スター・ウォーズ」シリーズの最新作「フォースの覚醒」が公開された。これは「エピソード7」に当たるが、一九八三年の「エピソード6」の公開後、長い沈黙があり、全世界で多くのファンが待ち望んだものだ。二〇一六年内とその二年後、あと二シリーズを公開予定で、最初の「スター・ウォーズ」から四十年もの間、全世界に多くのファンをつくり、彼らは虜となって次のシリーズを待ち望む。こんな映画は史上未だかつてない。

三十三年ぶりの公開に伴い、ある本が出た。ジョゼフ・キャンベル博士の『千の顔を持つ英雄』（上・下）という文庫本（ハヤカワ・ノンフィクション文庫）である。

四十年ほど前、ジョージ・ルーカスとスティーブン・スピルバーグがハリウッドを変えるＳＦ映画を作ろう、歴史に残る素晴らしいもの、全世界でヒットになるものを確立しようと考えた。彼らがとった戦略は「勉強」することだった。映画監督、脚本家の彼らにそんな時間なんてない。ただ、「歴史に残る作品をつくる」という断固とした想いから、抱えていたほかの仕事を中断した。自分たちが出すアイディアだけではなく、足りないものが何かを学ぶことだと決心し、ルーカスが大学で一年間勉強しようと選んだコースは、キャンベル博士の「神話学」だった。比較宗教学である。

その講義のコンテンツがまとめられたのが『千の顔を持つ英雄』だ。二人が費やした努力と時間に比例して、生み出した経済効果を考えるなら、この本には一体いくらの価値があるのだろう。さらにルーカスはこの本を今でも読み、新たな材料をここから汲み出しているというから、それこそこの本の価値はものすごい。十億円でも安い。四十年間「スター・ウォーズ」を大ヒットさせている元なのだから。

知識に毒されていない太古の人間たちは、どの時代の、どの世界の、どんな社会に生きても、共通する感覚やビジョンやイコンを創って信仰したに違いない。だから、そういう歴史に類型するパターンをとり出し、フレーム化して作品にぶち込めば、世界の人がみんな感動するはずだ。ルーカスの発想はその最大公約数を見つけることだった。それは、神話になっているはずだと。

各時代、各文化で使われている神話を比較し、重ね合わせ、共通している部分を残し、いらない部分を排除する。すると、フレームが残る。それを学問として研究したのがキャンベル博士だ。比較宗教学、それが「神話学」と呼ばれる学問として完成されたとき、人類の文化の共有フレームが発見された。それがこの本のコンテンツである。キャンベル博士は深層心理学者ユングの研究をそのまま神話の世界に引き継いだことによって自分のアイディアが生まれ、彼の「神話学」が完成されたと言っていい。周りにある映画作りの、学びを欠いたくだらなさにうんざりしていたルーカスは、この考えをビジネスの世界に持ち込み、「スター・ウォーズ」を不朽の作品に仕立てたのだ。

ザ・ビートルズのマジック

売れるべくして売れた神話的グループがいる。ザ・ビートルズ。ギネス・ワールド・レコードに「最も成功したグループ・アーティスト」と認定されている。これは果たして偶然だろうか。ぼくはそう思わない。『千の顔を持つ英雄』を読んだルーカスの「スター・ウォーズ」からも、その成功の必然性を発見できる。

ジョン・レノンとポール・マッカートニーが自叙伝にそれぞれすごいことを書いて

いる。「おれは才能はなかった」と。

これは本当のことだと思う。もっと才能があったかもしれないボブ・ディランやローリング・ストーンズやレッド・ツェッペリンたちはなぜ敵《かな》わなかったのか？　なぜスティングやアンディ・サマーズたちは、十年以内にビートルズの記録を塗り替えると宣言しながら、それができなかったか？　彼らは四人で成り立っているグループではなかったからだ。ビートルズは四人がアイドルだった。四は、西洋の神話的世界がぴったりと当てはまる。世界の物質の構成要素は四大元素だ。

成功は、しかけてもたらすものなのだ。つまり、「ザ・ビートルズ」というフレームが人を育て、そこに当てはめられた個性が神話的モデルになるまで成長していった。だから、世界から、歴史から、力を借りればいい。人類の蓄えてきた過去のすべての成功のエネルギーを当てはめるフレームを、この世に用意する。構成要素は地・水・火・風の四大元素のエネルギーだ。この世界はこの四つから構成されている。古代ギリシャ、ローマ、イスラムの世界、十八～十九世紀までのヨーロッパを支えたキリスト教や錬金術の基礎理論だ。

成功のヒントは、タロットカード10番「運命の輪」（Wheel of Fortune）に描かれている。Fortune は幸運という意味だ。四隅を飾るのは、地・水・火・風のそれぞれのキャラクターとなっている雄牛、天使、獅子、鷲。彼らが手にして勉強しているのは「エヴァンゲリオン」、福音書だ。西洋人は福音書の言葉の持つ力を知っている。四つのキャラクターがユニットとなって世界の流れを司《つかさど》り、幸運の輪（wheel）を回し、チャンスをつかんだ。

そしてそのユニットが壊れないように、剣を持ったスフィンクス・調律者がいれば、あとは勝手に成長する。

ビートルズの場合、四人のキャラクターを次のように当てはめた。

リンゴ・スター　　　地＝雄牛（マルコの福音書）
ジョージ・ハリスン　水＝天使（人）（ルカの福音書）
ポール・マッカートニー　火＝獅子（マタイの福音書）
ジョン・レノン　　　風＝鷲（ヨハネの福音書）

回る幸運の輪の対象となるのは「ザ・ビートルズ」という商品。ビートルズ（カブトムシ）は甲虫《こうちゅう》類のことで、コガネムシ、スカラベのことである。スカラベは太陽を司る神の化身、黄金を生み出すシンボルだ。ザ・ビートルズは時代を超えて残る作品とお金を生み出した。そして、彼らがつくったレコード会社の名前はアップル・コア社

The Rider Tarot Deck カード 10 番
United States Games Systems; Gmc Crds 版

（Apple Corps Ltd.）。アップルはアダムとイブが食べた知恵の実、神聖なるシンボルだ。この会社が神に愛されないはずがない。神が愛するものを、人々が愛さないはずはない。

スティーブ・ジョブズが会社を設立したときに、訴訟されるかもしれないという危惧があっても社名を「アップル」にすることを決めた。後に訴訟されて、ジョブズはアップル・コア社に多額のお金を支払って和解し、「アップル」という名前をキープした。

成功の陰にはそれを支える知恵、マジシャンがいる。

ビジネスは、相剋だ

東洋には五行という自然哲学の思想がある。万物は木、火、土、金、水の五元素の性質を持ち、すべてが影響し合っているという説だ。木によって火が燃え、燃えかすの灰は土を肥やし、土から金が生じ、金は大気から水を集め、水は木を育てる。木→火→土→金→水（もく・か・ど・こん・すい、と読むといい）、これを「相生《そうしょう》関係」と言い、自然界のバランスが取れ、万物が生成発展する道となる。つまりは成功の道だ。逆に、水は火を消し、木は土の養分を吸い、火は金を溶かし、土は水の流れを止め、金属は

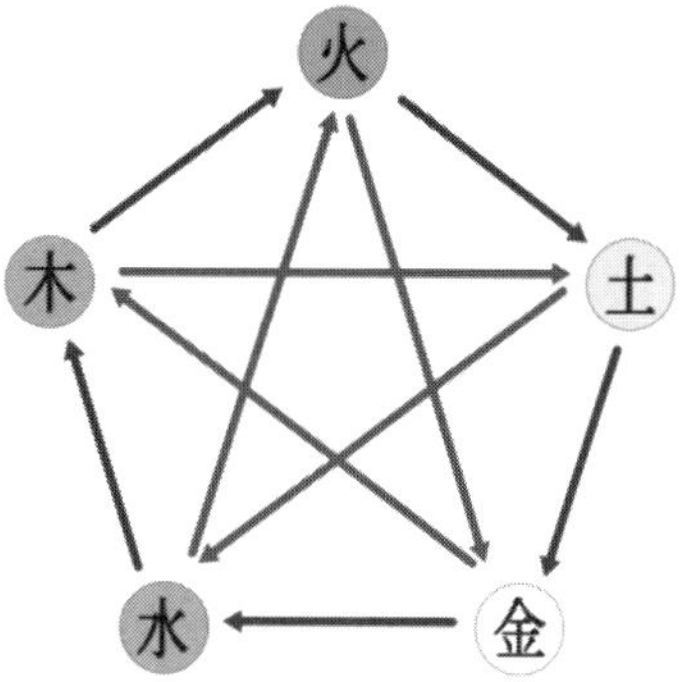

相生関係（外側）と相剋関係（内側）

木を刈る。五行が運行すると、お互いを剋《こく》するという関係を生む。これを「相剋《そうこく》関係」と言う。

実質経済は次の三つのエネルギーでできている。

(1)千客万来　たくさんのお客が来てくれる。
(2)商売繁盛　物が売れて商売が繁盛する。
(3)金運上昇　たくさんお金が入ってくる。

千客万来は人の流れで、「水」のエネルギー。商売繁盛は物が盛《さか》んの様《さま》で、「火」のエネルギー。金運は「金」のエネルギー。この順番でビジネスが回っていくのだが、実はこの流れは、水→火→金で「相剋関係」をつくる。つまりビジネスサクセスを求める行為は反自然的行為だ。行為自体が宇宙的原理から見ると、悪に等しく、悪を発展させるわけにいかない。だから、ビジネスの成功者が病気になるとか家庭が不和だとか、意外と不幸な人が多い。

相剋は連続性があるから相剋になるので、ひとつだけ選べばいい。自分のビジネスで何がいちばん悪いか、その中でひとつを選び、その文字のマントラだけのエネルギーを入れてみる。

創業者の想い

「木」「土」だけの成功モデルがある。これは相生も相剋も超えたところにある。「木」は創業者の想い、精神、スピリットで、「土」は家族を養う想いと力だ。この二つがキーとなる。まず創業者の想い「木」が育ち、そのうち社員が実質経済を回して五行が揃っていく。

物は売れるのにちっとも儲からないような場合、「金運上昇」というマントラのエネルギーが必要だ。

稲盛和夫さんが大学卒業後に就職した先は倒産寸前の会社だった。そこで念願のファインセラミックの開発をやり成果を上げていたが、配属替えの命令で退社を決めた。彼の仲間や上司までも会社を辞めて彼に付いてきた。稲盛を慕っていた大学の同級生も会社を辞めてきた。前の上司はお金を集めてくれた。家を担保にお金を借りてくれる仲間もいた。彼らは言った。「男が男に惚れた」と。

稲盛は情熱と夢を育て、一方で仲間の生活を守ることを肝に銘じた。

稲盛が用意したのは木と土だ。

創業には実をならす樹木がないといけない。「世の中に必要な実」をならすことが最大のビジョンで、植えたら、ゆっくり育てる選択が必要だ。そして、人が食べていけて生活できる基盤、土を用意する。実際、木は土がないと育たない。この土と木のエネルギーを用意するのが創業者の仕事だ。

「世の中に役に立つ製品を作る」→木
「仲間、従業員の生活を守る」→土

必要なのは創業者の想いだ。「この会社はこの世の中に必要」というビジョンと、「喜んでくれる誰かがいる」という想いだ。千客万来も商売繁盛も金運上昇も考えない。コストと利益と数字を見るだけの仕事は経理の人の仕事で、社長の仕事ではない。経理ばかりしていると、会社は傾いていく。

会社が利益を生んだとき、社員に還元すれば社員が喜び、これが世の中への貢献となる。無理に利益を寄付する必要はない。喜んでくれる誰かがいる。これは百年前に米国で自動車産業を興したヘンリー・フォードが考えていたことだ。

これで世界が応援する。信じられないかもしれないが、そうなるようにできているから、この世界は神秘なのだ。そのグランドデザインを誰が下書きしたのか。そういうことを考えると、やはり神様がいるのかなと思ったりする。

インド、エジプト、チベットの古代秘教の集大成となった神智学では、人間の体をエネルギーの層として捉えた。ぼくたちの気功ではこれを基本概念として、気のエネルギーを通して、見えない世界に働きかけることができると考えている。

一番下にあるのが物体としての体、その体から発するエーテル体（気の体）、次に想念としてエネルギーフィールド・アストラル体が重なり、さらに意志の力と結びつくメンタル体がある。さらにこれを超えると、魂や集合的無意識の領域であるコーザル体、ブッティ体、アートマ体、モナド体の高次元エネルギーが広がっていく。一番上が神界だ。

この階層はこの地上の場にも存在する。

世の中すべてが多重構造でできていて、あなたの想いが叶うのも叶わないのも、この構造が深く関与する。あなたの想いのエネルギーが活発に生成されれば、まずアストラル世界であなたの想いが形となる。そして物質世界に働きかけられ、現実世界でそうなっていく。

エネルギーの質も量も上位の層が優っている。エネルギーは上の階層から下に流れてくる。ということは、一番上の階層、高次元に応援したくなる想いがあることが、一番強い。

あなたが二代目、三代目の社長だとしよう。もし会社がうまくいっていないとしたら、ちょっと考えてみよう。創業者が持っていたスピリットをあなたは持っているか？　単に会社を守るだけになっていないだろうか？　高次元は、あなたを応援したいだろうか？

18・ハリウッド男優もオチるモテ術

究極の恋愛テクニック

知り合いに、アラブの石油王だろうがハリウッドの大スターだろうが、ものにする女性がいる。名もある、金もある、社会的地位もある男性たちをいとも簡単にオトして、恋愛を楽しみ、多くの場合、最後には結婚を申し込まれる。（大事なことは）それを断る。

ハートブレイクした男たちは彼女とつきあったあのひとときを今でも想い出すだろう。ああ〜いい女だったなぁと。結婚したかったのになぁと。

彼女は絶世の美女、女優、モデル？　失礼だが、彼女は美人の範疇にはまったく入らない。スタイルだってモデルにはまったくおよばない。ただのＯＬ。

彼女の恋愛経歴があまりにもすごいので、そのテクニックを教えてもらった。

テクニック①　相手への興味を示す。

「あなたのことをお話してくださらない？　お時間があるときに、ぜひお話しを聞かせて」と、相手への興味を示す。

テクニック②　相手の話を聞く。

相手の話に耳を傾けてよく聞く。よく聞いていると思わせる。

テクニック③　誠実なポーズをとる。

話を聞いている間は、顎《あご》を引き、背中をすっと伸ばして、力を抜いて座る。両手を机の上に何気なく組んで動かさない。肘は体から少し離して空ける。

テクニック④　手のひらを見せる。

相手がこちらを見た瞬間に、ちょっとシナをつくって、体を斜め向き、半身にして、さりげなくグラスを取るようにし、そのとき相手に「手のひら」を見せる。これが求愛のポーズだ。

相手の幻想性を理解し、聞き、受け入れる方向性を持つこと、それが肝要。こちらの容姿や魅力は関係ない。人が人を好きになる一番重要なプロセスは、相手の話が自分にとっていちばん興味があるように、自分の想いをチューニングさせること。愛とは、相手への関心の深さなのだ。それなしに、恋愛は成立しない。

相手を完全にオトス

テクニック⑤　ライバルから抜きんでる。あなたが見ているのは私だけ。

相手からほかの異性が目に入らない位置にいる。理想の角度は相手の斜め前だ。相手の視界から見て、ほかの異性が入らない位置へ陣取って、二人だけの世界をつくる。パーティーも、ナンパのときも、すっと相手の視線の斜め前に立ち、ほかの異性への視線を遮る。一昨年に流行語となった「壁ドン」（壁を背にした女性に向かって男性が壁に手をドンと突いて話しかける）のテクニックは、こういう意味で効果がある。これは女性版壁ドンといえる。

テクニック⑥　ただの都合のいい女で終わらない。成約まで持ち込むには？

徹底して相手の話を聞き、この女性は信頼できるという承認を与える。そして、さきほどの求愛のポーズ（①〜④）でメロメロにさせる。

そして、にこやかに別れた後は、一切、相手の電話にもメールにも返信しない。これは最低で三日間続ける。どうしたの？　なんで返信ないの？　など、さんざん相手をヤキモキさせる。そして三日経った後に、こうひと言、返信をする。

「……あなたが、怒っているると思ってたの……」

これは、男性脳からすると、「クー、なんだ、そう思っていたのか！　なんて可愛いひとだ〜！」と思わせる。プロポーズは目前にある。

こうして殿方は完全にオチる……かな？

世界一愛された女性

ブスなのでテクニック①さえ使えない、と自分で思い込んでいるあなた、自信のないあなたは、根本的に間違っている。

古くからの知り合いに、自他共にブスと認める女性がいた。本当に失礼なのだが、思うところがあって彼女に聞いてみた。

「Aさんって、はっきり言ってブスだよね。でも、気にしていないし、明るいし、みんなからも慕われているし、その自信はどこからくるの？」

彼女は遠くを見るような目で、話してくれた。

小さいときはとても明るくて元気な子どもだったが、小学校に入ってしばらくしてから容姿のせいでいじめられた。子どものいじめというのは残酷なほど執拗で、容赦ない。毎日毎日、顔のことをからかわれるので、うつむいて学校へ行くようになった。性格もだんだん暗くなり、いじめはエスカレートし、ついに学校を休むようになった。

もちろん親は心配して理由を聞いた。

「どうして私はこんな顔なの？」と彼女は泣いた。

父親がしみじみと言った。

「そんなことだったのか。おまえは世界一かわいいよ。誰がなんと言おうと、お父さんはおまえが世界一かわいいと思っている。世界で一番おまえのことを愛している。こんなに愛されている子どもは世界中探してもおまえだけだ。あの美人の◯◯ちゃんだって、おまえみたいに世界で一番なんて愛されていないぞ」

お父さんの言葉を聞いて、彼女の心はいっぺんに晴れた。

私は世界で一番愛されている！

次の日、顔をあげて学校に行った。あいかわらず男の子たちはからかってきたが、私には世界で一番愛してくれるお父さんがいると思うと、ちっとも気にならなくなっていた。美人の◯◯ちゃんより幸せだと思った。そのうち男の子たちはいくらからかっても彼女がまったく気にしないので、いじめるのがおもしろくなくなった。するといじめがなくなっていった。そして彼女に天性の明るさが蘇り、いつのまにか彼女はクラスの人気者になっていた。

大人になって、彼女はいい恋愛をし、結婚をし、彼女によく似た子どもたちがいて、幸せな家庭を築いている。

世界で一番愛されている——という自信ほど強い味方はない。

若さを保つピンク色のエネルギー

もっと若ければモテるのに、と勘違いしているあなた。諦めないで老化の歯止めをちょっとだけ考えてみよう。女性性にスイッチを入れるのは美しさに対する関心だ。美に対する関心がなくなると、胸のチャクラが閉じてしまい、その結果、愛がなくなる。愛がなければ、恋愛のチャンスはない。年をとったから仕方がないのだ、と諦めてはいけない。自分の中に美しさを仕込もう。

十八世紀初めごろ、当時のフランスの国王・ルイ十四世が「我が国の誇り」と称賛した女性がいた。ニノン・ド・ランクル夫人という七十歳の女性で、三十代にしか見えなかったという。その秘密は、彼女が毎日していた首もとと顔への独特のマッサージだった。彼女の美顔術に注目した実業家・ベンネット氏がその後、美容法として売り出し、今日ではエステの基本になっている。

特に首のマッサージはリンパ液の流れを良くする。リンパ液は老廃物を回収するので、その流れを良くすると、肌が活性化され、輝きが出てくる。これが若返りの最大のポイントだ。

このマッサージ法にピンクのエネルギーを仕込むとさらに効果がある。

イメージで、両手の間に気のエネルギーボールをつくり、ピンク色（桜のような薄いピンク）に輝くボールをイメージする。そして「ピンクに光り輝くエネルギーボールになった」と口に出して言う。手のひらを合わせて二十回こすり、あごのラインから耳の付け根、その後ろまでピンク色のエネルギーで優しくなでる。これを左右のあごのラインそれぞれに二十回ずつ行なう。顔のあちこちにもそれを行なう。最後に（イメージで）ピンク色のシャワーを顔に浴びる。

ピンク色は若返りのエネルギーを持っている。顔に張りが出てくるマッサージ法だ。


見た目が若いのは、気のエネルギーが活発になっている証拠だ。気のエネルギーが心の領域まで溢れると、やる気も出てくるし、幸せ感も出てくる。

もうひとつ、若く美しくなるために必要なことがある。

それは美しいものに対する感受性を高めることだ。自然の風景は驚くほど美しい。人は一輪の花や一編の詩や歌に感動する。日々の生活の中で、その美しさを見つけ感動していたら、世界はますますあなたにすてきな出会いを持ってくる。

19・コソタクマヤタク

秘伝の呪文

アニメ「秘密のアッコちゃん」で、アッコちゃんが魔法の手鏡を持って、変身するときに唱えるおまじないの言葉、呪文がある。

「テクマクマヤコン　テクマクマヤコン　◯◯になれ～」

「魔法使いサリー」では、サリーちゃんがこんな呪文を言っている。

「マハリクマハリタ、マハリクマハリタ……」

「子連れ狼」の主人公の拝一刀《おがみいっとう》が宿敵の相手と命がけの決闘をするとき、幼い息子の大五郎に「おとうはきっと帰ってくる」と言って出かける。そのとき、おとうがつぶやく。

「コソタクマヤタク……」

アッコちゃんの呪文もサリーちゃんの呪文も、コミックの世界で有効なのだろうが、拝一刀の呪文はこの世でもちゃんと有効だ。決闘に必ず勝って大五郎のもとに帰ってくるはずだ。この呪文を唱えれば、死なずにちゃんと帰ってくることになっている。「コソタクマヤタク」は古神道秘伝の強力な呪文で、秘伝中の秘伝のはずだった。マンガに出たことで公開されたようなものだ。


ぼくたちは外出するとき、玄関で合掌して、必ずこの呪文を言う。

「コソタクマヤタク、コソタクマヤタク、コソタクマヤタク」

そして合掌した手の間に、「フッ」と息を吹きかける。

この行為をしておけば、無事、家に帰って畳の上で死ぬことができるという呪文だ。運命が変わるとも言われる。だから旅に出かけるとき、特に飛行機に乗るときには唱えることをお奨めしたい。死なずに戻ってこられる。

解毒の呪文

この呪文は本来、強力な解毒《げどく》呪文だった。朝いちばんに口をすすぎ、東を向いて洗面所で唱える自己浄霊法だ。「コソタクマヤタク」と言いつづけることで、あなたの体から毒がなくなり、エネルギーがチャージされる。

ずいぶん昔のことだが、ある若い女性が東南アジアの痩せる飲料をセミナーに持ってきたことがある。そのエネルギーを調べたら非常に悪いものだったので、やめたほうがいいと忠告したが、彼女は、効果があった、特に問題もなかったと、忠告を無視して飲みつづけていた。見違えるように痩せていき、「こんなに痩せたわよ」と、友人たちにも奨め、本人も長い間、飲んでいた。しかし、その飲料を飲んだ友人たちはその後なぜか次々と具合が悪くなり、入院する人も出てきた。しばらくして、その痩せる飲料は毒性の強いもので、肝障害を起こすとニュースになった。

彼女は真っ青になって、続けていいかどうかと聞いてきた。彼女自身はなんともないという。誰が見ても健康そのものだ。よく聞いてみると、セミナーでいろいろ教えた中で、この「コソタクマヤタク」という呪文だけは毎日やっていたと分かった。毒性が消えて、痩せる効果だけがあったのだろうか。科学的にはまったく根拠がないのだが。

医学的には何とも言えないのだが、呪術として、この解毒作用を妊娠中毒やデトックスに使ってみるのもいいかもしれない。抗生物質や長い間服用している薬の副作用をできるだけ軽減させるために、薬を手に握りながら「コソタクマヤタク……」とつぶやく。化粧品とか化粧水、石鹸に向かってやっておくのもいい。それでデトックス効果が出ることが期待できる。解毒作用によって、最初は汗が出たり、匂ったり、おしっこが濃くなったり、吹き出物が出ることもあるかもしれない。

他にも何かを判断しようとするとき、その前に「コソタクマヤタク」と三回唱えて、フッと息を吹いてから判断する。すると神様が助けるほうに動き出すしかなくなる。判断の最適化が起きる。

コソタクマヤタクの手印

具体的には、こんな具合だ。合掌した手を少しずらして、右手と左手の指を第一関節でクロスさせる。このときは右手が上。手のひらを少し離して、人差し指のクロスしたところを眉間の前あたりにもってくる。「コソタクマヤタク」と呪文を三回唱え、そこでひと息吸って、親指と人差し指の間の空間に三回、「フッフッフッー」と息を吐く。

いいかも……。

20・「あけましておめでとう」という呪術

年末にすること

生徒さんから新年の迎え方を聞かれ、こんなことを伝えた。

まず、年末にやってほしい儀式がある。

十二月二十五日から二十九日までの五日間、この一年間にあったことを振り返る。十二月、十一月、十月……と、目を閉じて、その月ごとに何があったのかを頭の中で思い出す。日記やブログなどまで見る必要はない。詳細なデータも必要ない。大事なのは今この瞬間を心に問いかけて、思い出せる一年の印象を振り返る。良いこと悪いこと、何でもいい。問題は、この一年が幸せだったか、不幸だったか、その感覚をチェックすることだ。その印象を十分に味わう。嫌だったこと、泣いたこと、怒ったこと、呪《のろ》ったこと、やられたら、やられた人のことを考える。心の中でそれらを思いっきり感じてみる。

あの人は私を捨てました。(泣く)
大腸ガンが治りません。(泣く)
心筋梗塞が見つかりました。(泣く)
すてきな友人に出会いました。(喜ぶ)

ごまかしてはだめ。自分の一年間を見つめて、不幸だと感じたら、素直に不幸だったなと味わってみる。もちろん喜びも。これは一年の総決算だから。

良いことなんかなかったと思えるなら、それでいい。十分に自分の気持ちを汲み上げなければいけない。感謝なんてしなくていいし、いい人ぶらなくていい。憎たらしい、悔しい、嫌だ!、どうして私がガンに!…… 苦悩や憎悪や歓喜をリアルに、しっかり感じてみる。十分に感じてあげないと、そのときの辛い感情や苦しみは簡単に捨てられない。

十二月二十五日はクリスマス。この時期は世界中の多くの人々が神に感謝し、家族や友人の幸せを祈り、安らぎと祝福で、一年でいちばん清らかなエネルギーに包まれているといっていい。この仏教国日本でも、商業主義に乗っかりながらも「き〜よ〜

し、こ～のよ～る～♩」とお祝いする。だから、この清らかなエネルギーに守られながら、自分の辛さや苦しみをすべて告白する。この一年にいろいろなことがあったなあと、心の中で静かに振り返る。これがクリスマスに求められる大切な時間だ。

最後に来年一年の目標を考える。仕事とプライベートの両方で、来年一年はこういうふうに生きていたいなとイメージして、神様に頼む。

そして年末の三十日と三十一日、ゆったりお休みして、いま生きていることを感謝する。生きている、また来年も始まる、さて……と落ち着いて、のんびりする。

年が開けて

三十一日の夜には大切な儀式がある。除夜の鐘を聞く。百八つの煩悩を浄化する鐘の音を聞きながら、一つひとつ、鐘の音で自分の業《ごう》を浄化する。あの鐘の音は脳や細胞や骨にまで染み渡り、潜在意識までをも浄化する。こんなふうにつぶやいてみる。
「闇は闇に帰るべし！　私の不幸が体から離れ、この世界の暗闇に溶け込んでいきますように。私の嫌な気分が、外の暗闇の中に混ざっていきますように」

心の中できちんと苦しみを感じ取ることで、暗闇に闇のすべてを吸い取ってもらうのだ。

そのままゆっくり除夜の鐘を聞きながら年が明けるのを待ち、一月一日になった瞬間、こう宣言する。

「あけましておめでとうございます！　この一年が幸せになりましたことを、そのことを助けていただいたすべての存在に感謝させていただきます。ありがとうございました」

暗かった不幸な過去をすべて闇に閉じ込めて、この一年幸せになりましたと、過去形で、未来に確定申告する。

「あけましておめでとうございます」は素晴らしい呪術の儀式なのだ。あなたがどれだけ絶望的な状況であっても、「幸せになって良かった」と一月一日、年が明けた瞬間に、あなたがこの一年という未来に仕込む技だ。


一月一日、世界はお祝いムードに溢れている。このエネルギーの流れに乗ればいい。「一年の計は元旦にあり」、その通りだ。そして新しい気持ちで、新しい人生を用意するための特別な天地創造の一週間にしてみよう。神が七日間で天地を創ったように。

初詣と祈り

初詣は自宅近くの神社からお参りする。あなたが暮らす土地を守ってくださるいちばん身近な神様だから、ちゃんとお礼を伝えよう。

鳥居の中からが神様の敷地。鳥居をくぐるときには一礼し、中心から外れたところを歩く。中心を通る正中《せいちゅう》は神様の通り道なので粗相のないように。参拝前には手と口をすすぐこと。これは大切なマナーだ。

狛犬《こまいぬ》さんの前でちょっと注意して見ると、左右の狛犬の視点が同時に合わさるポイントがある。そこが正しい入り口で、そこで一礼して進む。

一礼して拝殿に上がり、鈴を鳴らし、神様に自分が来たことを知らせる。鈴は魔よけの霊力があり、音色で場を清めてくれる。また一礼し、神様に捧げる自分のまごころのしるしとしてお賽銭を捧げる。お賽銭は神社では銀色の硬貨が望ましい。ちなみにお寺では銅、黄金色の硬貨を捧げる。お祈りは二礼二拍手一礼が基本だが、神社によっては作法が違うので、その流儀に合わせてお参りする。

問題は「お祈り」だ。あなたは心の中で何を祈るだろうか。家内安全、商売繁盛、身体健康、合格祈願、良縁祈願、安産祈願……きりがない。

ほとんどの場合、これらはNGだ。神社では、自分のことではなく自分以外の幸せを祈る。最も上等なお祈りは、神恩感謝《しんおんかんしゃ》だ。ぼくたちを守り育ててくださっているご恩を神様に感謝し、神様のご開運ご発展を祈る。お正月くらいはぜひ神恩感謝で祈ってみよう。

それでも自分のことを祈りたい人へ、裏技がある。

「私が成功することによって、みんなが幸せになりますように」

これだ。これで、神様もあなたを後押ししてくれる。

ずいぶん前の話だが、仲間と熊野三山を訪ねた。そのひとつ、那智の滝を神様として祀ってある熊野那智大社にお参りをしたあと、那智の大滝の神殿へ階段を降りた。那智の大滝は「飛瀧権現《ひろうごんげん》」と呼ばれ、滝そのものが神仏で、人々は滝を仰いで参拝する。神恩感謝を祈念してみんなで祝詞をあげていると、崖の中央から、どおっと流れ落ちている滝の水が突然横一面に広がり、まるでナイアガラの滝の姿になった。突然水かさが増したとしか思えない。そんな姿の那智の大滝なんて見たことも聞いたこともなかったので、ぼくたちみんなが鳥肌状態になった。でも祝詞を最後まであげた。最後の一礼をすると、滝はいつもの姿に戻っていた。感動で震えた。神様は私たち

那智の滝（http://www.avec-co.jp/blog/article/ 那智の滝に感激！）

の表敬訪問を喜んでくださったのだと確信した。ぼくたちの気や想いが神仏に届くと、こんなことがけっこう起きるのだ。

おみくじの話

余談になるが、参拝後の楽しみにおみくじがある。誰でも大吉が出ることを期待する。大吉が出たら嬉しい。なんかいいことあるかも、と考える。でも、おみくじの吉凶の本来の意味はあなたが思っているのと少し違っている。


小吉……可もなく不可もない運。

中吉……外から幸せがやって来る運。宝くじが当たるのは、大吉ではなく中吉だ。

大吉……あなたが外へ幸せを届ける運。このときには、周りにたくさんの良いことを差し上げる。すると、それが巡り巡って自分に返って自分も幸せになる。

凶……外から不幸がやってくる。誰かにやられるという逆縁。中吉の逆。

大凶……あなたが世界に迷惑をかけている。他人に迷惑をかけたり、あなたの何かが間違っていることで他人を不幸にする。これは真摯に受け止めなければいけない。自分自身を正していくことが大事である。

21・この世の中、エネルギーだけでなんとかなるほどすてき！

この世の中はファンタジー

ずいぶん昔のことだが、友人がある有名なスワミ（ヒンズー教の教師）の手で空中から銀の指輪を出してもらった。彼は、指輪でなくてネックレスがいいとお願いして、もう一度出してもらった。そんなことを何度もお願いされているスワミを見て、日本を嫌いになるのではないかとちょっと心配した。

その頃のぼくは、何もないところからそういうモノが出るはずはないだろうと思っていた。実際に指輪やネックレスが出るところを見てしまっても、どこか疑っていて、結局、自分が信じられることしか信じないと決めていた。思い込みが強かったのだ。思い込みというのは、最初からこうだと決めつけて、あるべきことを自分で用意するということだ。自我、エゴと言ってもいい。そういう自我の固さが実は頭を悪くする。正解は、「どうやるんだろう?」とまず考えることだ。

スワミが空中からダイヤを出すように、キングコブラに噛まれて死んだ人を生き返らせることができる人がいる。原子力なんか使わなくてもフリーエネルギーでいける時代がすぐそこにある。いま困っている日常のことなんか、想念だけでうまくやっていけるのではないだろうか。心が変わってしまったら、キリストのように無から有を生み出せるのではないだろうか。

この世の中はファンタジーワールドだ。あなたの知らないところで奇跡はたくさん起きている。それはすてきだなと思ったとき、その扉は開かれるだろう。思い込みを外すことで、あなたは違う世界を発見する。

アメリカの超心理学者、ロバート・モンローはこう言った。
「人間が犯した最大の過ちは、人に限界があると思い込んだことだ」
ブラジルの天才的サッカー選手だったロマーリオの名言がある。彼の常人離れしたプレーはアニメの世界の出来事だとさえいわれた。

「人が天才であることを妨げているのは、天才であることを知らないからだ」

ラーマクリシュナの悟り

十九世紀後半、インドのコルカタに生きたラーマクリシュナという聖者がいる。ラーマクリシュナは小さいときの神秘体験を経て、カーリー寺院の僧侶になった。修行と瞑想を重ね、ヒンズー教の聖者としての極致を極めた。ある日、宗教の垣根を超え、イスラム教の修行をし、聖者になった。次にキリスト教に改宗し、自分とイエスがひとつであると認識し、聖者になった。そしてまた、ヒンズー教の聖者に戻った。

歴史上、ヒンズー教、キリスト教、イスラム教で聖者と言われるまで修行し、つきつめ極めた人なんていない。彼は常識を超えた世界に存在した。ラーマクリシュナはキリスト教でイエスに出会い、イスラム教でアラーに出会い、再度ヒンズーの神々に祝福してもらい、こう言った

「みんな同じだったよ」

彼は、目の前で雷が落ちるのを見て、その美しさに法悦した。気絶するほどの感動だった。そんな感受性の強い人が、一輪の花を見て、その中に神を見、世界にある森

ラーマクリシュナ、45歳。彼のまなざしは至福の中にある。
(Studio of The Bengal Photographers in Radhabazar, Calcutta, India.)

羅万象が輝きに満ちていると悟った。

生きているあなたは幸せですか？
はい。
では、誰にも見られないで野に咲く花は幸せですか？
はい。

そう答えることができたら、あなたが変わりはじめたということだ。存在という祭の中にあなたがいる。それがセレブレーション、祝福だ。これがラーマクリシュナの見た悟りだ。あらゆるものに神様の輝きを感じる、感動する。ひと粒の砂に世界を感じ、永遠の時を感じる。宇宙をあなたの手の中に感じたら、あなたの可能性が広がっていく。困ったことがあったら、判断中止だ。あなたは判断せずに放っておく。するといつの日かその情報を解凍する時が来て、話が繋がっていく。

人間の能力

人間の脳は私たちが思っているより大きな許容範囲がある。不思議なことでも受け入れる余地がある。リミットをかけているのは自分自身だ。

長く練習して培ってきた自分の気功のさまざまな能力を、ぼくはそれぞれデータとして見えない世界の空間にファイル化して保存した。これは、コンピューターをイメージして、自分のエネルギーをそこにファイルする感覚である。呼び出しコードも付けてある。

セミナーで、「気のボール」として一個のファイルにまとめたそのデータを、全員の身体に「ファイルをコピーで転送」と入れる。いわゆるインストール、能力の伝授というもので、時間にしたらほんの数秒のことだ。磁気テープに波動をコピーする仕組みに似ている。すると気功の鍛錬のない人でも、「気のボール」をある程度つくれることが分かった。この気のボールを使って、願望実現やヒーリングのさまざまな方法を教えている。その後、自分にはできないという思い込みを外せば良い。もし難点があるとしたら、そこだ。

最近、地方のある教室で非常に感慨深いことがあった。

セミナーの撮影をしてもらっているNさんの奥さんがやってきた。Nさんがステージ4の肺ガンで、あと二週間ほどの命だという。愕然としたが、みんなで、それぞれの方法で、一斉に遠隔ヒーリングをしようということになった。

奇跡が起きた。一カ月もしないうちに、肺水腫がなくなり、体中に転移したガンが消滅していき、さらに一カ月後、小さな脳腫瘍を残すだけになった。あとは時間の問題だと思っていたら、完治したという朗報を受けとった。

こんな奇跡が次々と起こっている。

奇跡1

知り合いに大腸ガンと肝ガンになった方がいた。ガンというのは増殖して石のような塊になる。その人は八十歳の男性で糖尿病もあり、余命いくばくかといったところだった。ぼくは手からエネルギーを出して、彼の名前にエネルギーを入れた。彼のベッドの下にエネルギーを入れた水晶を仕込んだりした。そして、「彼が元気になってよかった」という想いと彼の笑顔をそこにおいた。

ところが入院中に突然、脳溢血になった。しかし、破裂した血管に血栓がはまって出血が止まり、次から次に変な現象が起こり出した。大動脈乖離も回復に向かい、破裂した血管に蓋《ふた》がされ、そして大動脈乖離のところは蜘蛛の巣が張るように何かが巻き付き、治った。肝臓には新たにバイパスのように血管ができ、血圧が安定した。糖尿病も消えた。あろうことか全身に転移していたガンも消えた。

そうして彼は退院して、やがて仕事に復帰した。

この方は美術館をやっているのだが、その通り道に植えた桜の並木は花が開かなかった。それが、彼が回復したその年、桜の季節が過ぎたゴールデンウイークの頃に咲き出し、美術館の庭にはキジが来るようになった。つがいで六十羽もだ。ありえない話だが、良いエネルギーの場所は動物に分かるのだろう。世界が祝福したのだろう。


この世の中、このエネルギーだけでなんとかなるほどうまくできている。奇跡は起こそうと思ったら起きないが、受ける用意ができたら起きる。

コツはひとつだ。あなたが自分で奇跡を起こそうとしないこと。世界の森羅万象に神聖な光が潜んでいると分かればいい。あなたが奇跡を起こそうとしないでも、最初からそれ自体にその神聖な光があることに気づけばいいのだ。だから、あなたが手からエネルギーを出したら、あとはただ観客になるだけでいい。結果はお任せだ。そしてあなたは観客として世界に向かって、「みんな、いい仕事していますね」と素直に喜べればいい。

奇跡2

生徒さんで、ミック・ジャガーとお酒を飲みたいという願望を持った人がいた。彼はサッカーファンで、ツアーを見つけてワールドカップのサッカー観戦に行った。あるゲートでチケットを渡したら、みんなが入っていくゲートのほうではなく、「こちらへどうぞ」とうやうやしく案内された。首を傾《かし》げながら長い通路を歩いていくと、なんと案内されたのはＶＩＰ席だった。観戦していたのは大統領や有名人ばかりで、さらに驚いたことには、お酒を呑みながら楽しそうに観戦しているミック・ジャガーがいた。なぜかミックは彼を手招いて自分の席へ招待し、彼はミック・ジャガーと酒を飲んだ。そして、写真を撮って、帰ってきてからミック・ジャガーと乾杯をしているその写真を見せてくれた。そこに夢の実現の証明があった。

思考は現実化する。

このセリフを、あなたは何度聞いたことだろう？　あとは、あなたが用意できるかどうかだけだ。何度も何度も想像し、そんな場面を楽しんでいたら、思いもよらない形で世界が用意してくれる。だから、不幸話はいらない。あなたは生きていて、神様に守られ、愛されているのだから。
　世界は本当に優しい。

そんなふうに思っていたら、
What a wonderful world」
サッチモの歌が有線から流れてきた。
なるほど、いい歌だ。

22・土星の時代がやってくる

二〇一七年、土星時代が始まる

秘教的な西洋占星術に三十六年周期説というのがある（『Through The Eyes Of The Masters』David Anrias Samuel Weiser Inc.）。曜日となっている七つの星――月、火星、水星、木星、金星、土星と太陽――がそれぞれ三十六年ごとに地球に影響を与え、巡ってくる惑星の象意（星のポジションや方位で現われるその意味合いや現象）が出来事となって反映されるという説だ。それを頭において、世界の歴史のカレンダーを逆算して見ていくと、政治の流れや出来事にそのサイクルを見出して、なるほどと納得してしまう。

西暦の紀年はキリストの生誕年ということになっているが、実は、そのはるか昔に惑星の波動の影響が一定の周期で巡ってくるということが占星術で分かり、それに伴って西暦を設定し、カレンダーを発動させたという考え方がある。だから西暦元年はキリスト生誕の年ではない。ドイツの天文学者であり占星術師であるヨハネス・ケプラー（一五七一〜一六三〇）は、イエスが生まれたときに輝いたというベツレヘムの星の正体を、紀元前七年にベツレヘムの地で、木星と土星が魚座付近で三度接近して重なった惑星「三連会合」の輝きと結論づけた。不確かなキリストの誕生の年を、後年、天文学者が天文学上の境目の年に合わせたと考えてもおかしくない。

三十六年のサイクルは、曜日と逆の流れ、日、土、金、木、水、火、月の順序で巡ってくる。近年で言えば一九〇九年から一九四五年は火星の時代、それから一九八〇年までは月の時代、そこからさらに太陽のサイクルが始まり、その太陽の時代がもうすぐ終わる。二〇一七年の春分の日（三月二十日）に、土星のサイクルが始まる。

太陽の時代は、良きにつけ悪しきにつけ、願ったことが現実化するという性質があり、テンションの高い時代だった。それに対して、土星（サターン）のキーワードは停滞、停止、忍耐で、占星術ではいちばんやっかいな星となっている。この土星のサイクルが終わると次が金星のサイクルで、喜びと愛に溢れた金星（ヴィーナス）の時代がやってくる。

さて、それまでの三十六年をどう生きるか。

七曜星が意味するもの

月　感情と心の星。家族、母、無意識、敏感
火星　情熱と勇気の星。怒り、戦争、暴力
水星　知性とコミュニケーションの星。知性、思考、技術
木星　拡大と発展の星。幸運、思想、贅沢
金星　喜びと愛の星。バランス、平和、幸福
土星　試練の星。停止、束縛、制限、破壊
太陽　自己主張の星。自発性、わがまま、望むとおりになる（幸福、不幸とも）

ちなみに数秘術でも二〇一六年と二〇一七年がひとつの境目を示している。

古代ユダヤを発祥とする「カバラ数秘術」の核心は、宇宙のすべてのものは数の法則に支配されていること、そして数の一つひとつに特別な意味があるとする。それは占いでなく、この世では神の見えざる手が数字となって現われる現象であると考えた。つまり数字にはエネルギーがある。２０１６という数字も２０１７という数字にもそれぞれ違ったエネルギーがある。だから数秘術は魔術《マジック》である。

カバラ数秘術の計算の仕方は、数を分解してひと桁になるまで足していくのだが、二〇一六年は（2＋0＋1＋6＝9）は9となり、9は物事の完成を表し、二〇一七年は（2＋0＋1＋7＝10、1＋0＝1）1となり、1は新たなスタートを表す。数秘術では、9から1へ移行するときに大きな変化があると言われ、その意味でもひとつの区切りとなっている。

大変な時代がやってくると思うかもしれないが、このいちばん嫌な三十六年を生きていこうと決めたのはぼくたち自身なのだ。過酷な環境の中で自分の力を見せようとサターンの時代を選んで生まれてきたのだとも言えよう。

だから技がいる。そして、どんな時代においても勝ち組というのはある。例えば、売りと買いの経済では、みんなが損している中で儲かっている少数の人がいるし、なにも知らずに動いているよりも、時流がどういうモードに入っているのか分かっているほうが見通しは明るい。

だから慎重にいこう。どんなときにもおたおたするのではなく、重要なのは、あなたの気分だ。人生ゲームにおける「隠しパラメータ」は、あなたの心のエネルギー、アストラル体だ。

アストラル体のフィールドは肉体の外に広がり、外界と直接触れている。歩いていても、このフィールドが外と自分を区分けし、外界との境目になっている。そして、この境目は自分と同じようなものを引き寄せる粘着性を持っている。これが引き寄せの法則だ。すると、あなたが嫌な気分でいれば、嫌な気分のエネルギーフィールドをむき出して歩いているようなものだから、引き寄せの法則によって、外からネガティブなエネルギーを集めてくることになる。逆にいい気分に満ちていたら、あなたは必然的にいいエネルギーを集めてくる。ものの構造はそういうふうになっている。あなたがいい悪いではなく、気分のいい悪いがアストラル体の性質をつくっているから、あなたが持続させている気分が問題なのだ。

人は二十四時間も楽しくいられないが、そんなにへこんでもいないし、けっこう普通に生きている。だからいいこともあるし、悪いこともあるわけだ。これを自虐モードあるいは加害モードにすると、いつも同じ嫌な気分を立ち上げたままになってしまう。「なんで私だけこうなるの」「あいつのせいでこうなった」「おまえなんか死んじまえ」としょっちゅう思っていると、どうなるだろう？　ネガティブエネルギーをいつも引き寄せて、体の内側も外側も不幸の層がどんどん増えていく。これが「まっくろくろすけ」となってあなたの体の外側にしっかり付着する。最後は、あなたはそのまっくろくろすけに覆い尽くされ、支配されてしまう。気分はどんよりとしていて、美味しいものを食べていても、その幸せを醸《かも》し出せない。パーティーに行っても、あなたの周りはなんだか薄暗い。変なやつが近づいたりする。いつもまっくろくろすけに誘導されているからだ。この黒い塊が憑依もどきだ。だから、常に強力なバリアーを張ろう。それは、心の力だ。

「新世紀エヴァンゲリオン」というアニメがある。錬金術あり、心霊現象あり、気の世界満杯で、ぼくには非常におもしろい。大災害で人口が半分になった世界で、人造ロボット人間のエヴァとその操縦者たちが謎の敵と戦っていくというストーリーだが、A・T・フィールドという特殊能力が出てくる（Absolute Terror Field：絶対不可侵領域）。これは「心の壁」とも呼ばれていたが、基本はアストラル体と同じようなものである。この強力なアストラル体、つまり心のエネルギーがあれば、まっくろくろすけにやられることはない。

太陽系惑星　環を持っているのが土星（NASA）

柳の木に癒されるわけ

二〇一七年からは、自分の気分をしっかりと整え、強力なアストラル体でわが身を包む。では、これからの三十六年を乗り切る強力な心のフィールドをどうやったらつくれるか。そんなに大変なことではない。それは被害者になるのをやめることだ。それを助けてくれる柳という植物がある。病気になったり、なにか不幸な出来事があったりして、「なんで私ばっかり」と思うネガティブな気持ちを消してくれる。

エドワード・バッチ博士が作ったフラワー・レメディのひとつにウィロー、柳がある。これは被害者意識の強い人のためのものである。

京都の三十三間堂では、「楊枝《やなぎ》のお加持《かじ》」という、柳の枝でお祓いする秘儀、法要がある。これは古代インドから伝わる災いを取り除く方法で、頭痛に効くといわれる。実は、憑依がある人は頭が痛い。三十三間堂の「頭痛封じお守り」を持つといい。

頭痛などの鎮痛剤として世界でいちばん使われている「アスピリン」は、柳の葉と枝からサリチル酸という成分を抽出して作られている。ヒポクラテスの書物にもその薬理作用が書かれている。

おもしろいことに、最近になってアスピリンが大腸ガンの予防として効果的だと、国立がんセンターなどの専門医臨床試験の結果で確認され、発表された。多少副作用はあるようだが、近年、大腸ガンにかかる人が大幅に増えていることもあって、さらに研究が進められている。時代も国も超えて、柳の力は証明されている。

大腸ガンの人は、頑張って根性で生きてきて、力尽きて敗れ、その努力があまり評価されなかったという過去がある。だから、あなたが頑張り屋さんで、人生なかなかうまくいきそうもなくて、誰かのせいにしていたら、あなたは大腸ガン予備軍にいると言っていい。

ガンにならない人がいる。それはどこか不真面目で、頑張ることが嫌で、責任はできるだけ回避し、世の中は適当に生きていけばいいと思っている「無責任男」だ。

柳のエネルギーは頑張って報われなかった無念さ、やるせなさ、被害を受けた意識をきれいに消してくれる。だから、幽霊は柳の木の下で癒される。「うらめしや〜」とそこにいるのは、柳の波動で癒されるからだ。そこでうろうろしていることで、そのうち幽霊のほうも楽になり、いつのまにか消えていく。柳はすごいやつなのだ。

風に揺れている柳の木の姿をイメージしよう。柳の木のエネルギーは被害者であることをやめさせてくれ、これからの三十六年をうまく切り抜けていける。

肉体と心と魂に必要なエクササイズ

さて、被害者をやめたらワンステップ上の、自分で自分を整え、幸せになる道を行く。それは肉体と心と魂のための三つのエクササイズをすることだ。気功を知らなくてもできるし、時間もかからないし、簡単だし、毎日のご飯を食べると思ってやるといい。

一番目は肉体。フィジカルボディのエクササイズだ。ストレッチングとかマッサージの他に大事なのは、背骨をくねくねさせる動き。これで体のこわばりを取る。体のこわばりは不幸をつくるといっていい。特に肩や背中にコリがあると、血液も気の流れも悪くなり、邪気を引き寄せる。背骨や背中への意識は大地と繋がることであり、背中に軸を感じるようになると、足裏や体の重心への意識と繋がる。それは人生を根底から支える力となる。

二番目は心のエクササイズ。心の栄養は青い空と白い雲をイメージで思い描き、目を閉じて現実の世界から乖離《かいり》する。現実に辛いことがあり、心が辛い状態になっていると、心は心にフォーカスしているので、辛いことを処理するだけになる。だから、

風に揺れる柳の木。この写真で癒されるはずだ。
（出典：nori さんのヤフーブログ／茶房）

現実から離れた世界で、心の中に別な状況をつくっていく。

野原があって、花が咲いて、草原が広がって、青空が広がって、白い雲が浮かんでいる。心が安心できる、そんな環境をイメージでつくり、そのイメージの中に浸ってみる。一種の短い瞑想だ（参照ＣＤ『青い空と白い雲の瞑想』清水義久（株）大和・www.yamato.tokyo.jp）。これは現実逃避だが、必要な逃避で、これを心のご飯として、毎日食べる。

三番目の魂のエクササイズは、「良い人間」になることを目指す。相対的な意味ではなく、文化のノイズを超えて、国家を超えて、歴史を超えて、自分自身が絶対的な価値があると考える。そして神様がいるかいないかが分からなくてもいい。この宇宙には絶対的な善があり、そこに乗っかって生きていくことを言葉で言う。

「私は良い人間になります」

これをマントラとして毎日口にする。言ったら成る、それが誠《まこと》の道だ。

これまで、末期のガン患者さんとか麻薬患者さんとか、治らなかったり、苦しんだりしていた方たちとぼくは関わってきた。でも、彼らを「良い人間」だと思うことで治していくことができた。本当に人は内側から変わってしまう。

ぼくたちはこのやり方でヒーリングをしていく。

「良い人間になります。ありがとうございました。この方も良い人間になります。ありがとうございました」

と言って、彼らを光に包んで黄金色に輝かせる。

普通の気功のヒーリングのやり方は、たとえば相手の病気が治っているシーンとか、仕事がうまくいっている場面を映像化し、その映像に、ぼくらの手から出したエネルギーの光を入れる。


しかし、状況をどうしても映像化できない場合がある。たとえば、精神を病んで両親を殺そうとした青年がいる。父親が死んで、母親が生き残った。青年は刑を終えて出所した。生き残った母親が身元引受人になり、また一緒にその子の面倒をみるしかない。母親は、いつまたその子が狂気に囚われるかもしれないと常に恐怖感に苛まれる。そんな母親が、自分の子どもが元気になっていい人になっている姿をイメージしろと言われても、それができるだろうか。イメージしたとしても、その映像を信じられないかぎり、誘導はできない。最後にできることは、その人に真我というものが本当にあるなら、この光で目覚めて、本来の状態である「良い人間」に戻って欲しいという想いしかない。

実際にこのやり方で、中毒症状の麻薬患者が完全に更生したり、やくざがその世界から足を洗ってまっとうな人間になっている。元殺人犯も良い人間になった。臨床の例では、こんなふうに完治したケースはあんまりないと思う。だとすると、人間の本性は善であるしかない。そういう体験を通して、ぼくはこのマントラ「私は良い人間になります」のことに思い至った。


マントラは意思の力だ。魂のエネルギーを大きくする。

現状がどんなに悪くても、いいことなんかひとつもなかった人生でも、この「良い人間」に帰らないといけない。だから「私は良い人間になります」と毎日言う。

無理にここに帰ろうとしなくてもいい。もっとやんわり言うと、どこかに正しい道があるぐらいに思えばいい。できるかできないかではなく、それにふさわしいかどうかではなくて、単にそう思えばいいのだ。これは神様を信仰するのとほとんど一緒かもしれない。しかし、そのマントラは宗教的なイコン、神という偶像ではなく、ただのロジックだ。宇宙には正しい道があって、絶対的な善なる価値があるということへの願望だ。

さて、そうしたら土星だって、あなたを愛するに決まっている。

土星のサインは「停止」だ。お金がないということも、運がないということも停止する。憎しみも停止する。すべての不幸を「停止」する。そう思えばいい。

世界は本当に優しい、そして素晴らしい。

最後に……

気の世界を長く追求してきたのですが、ぼくはこれまでたくさんの方々からご指導をいただきました。超能力の世界を先導してくださった今は亡き船井幸雄先生、気のボールを教授してくださった矢山利彦先生、古神道や仙道、秘教術を教授してくださった師匠の方々、そして一緒に気功の鍛錬を歩んでくれた友人たちに深く感謝いたします。

また、このたびの刊行に一文を寄せてくださった天外伺朗先生、取材協力の㈱大和さん、ホロトロピック・ネットワークさん、清水英寿さんと早川和孝さん、編集の山崎佐弓さんに心から御礼を申し上げます。

ありがとうございます。

最後に……

二〇一六年四月、ある晴れた日に。

清水　義久

清水義久（しみず・よしひさ）
1962年生まれ。気功家。少年の頃、中国の歴史に興味を持ち、気功の存在を知る。矢山利彦氏の気功をはじめ、中国気功、レイキ、古神道などを学び、実践と知識から「気」を追及すること30年。さらに真言密教、陰陽道、仙道、道教、レイキ、九星気学、断易、周易、ユダヤ秘教、西洋占星術、タロット、宿曜占星術、バッチ・レメディの他、心理学、哲学など、幅広い分野に精通し、独自のスタイルのセミナーを20年以上開催している。
facebook:この素晴らしき「気」の世界

山崎佐弓（やまざき・さゆみ）
福島県いわき市生まれ。山梨県北杜市在住。東京女子大学文理学部卒業。ホロトロピック・ネットワーク『まはぁさまでぃ』編集制作。フリー編集者。

この素《す》晴《ば》らしき「気《き》」の世《せ》界《かい》

初刷　2016年5月22日
5刷　2018年8月3日

著者　清《し》水《みず》義《よし》久《ひさ》

発行人　山平松生

発行所　株式会社　風雲舎

〒162-0805　東京都新宿区矢来町122　矢来第二ビル
電話　〇三-三二六九-一五一五（代）
FAX　〇三-三二六九-一六〇六
振替　〇〇一六〇-一-七二七七六
URL　http://www.fuun-sha.co.jp/
E-mail　mail@fuun-sha.co.jp

DTP　株式会社ワイズファクトリー
印刷　真生印刷株式会社
製本　株式会社 難波製本

ISBN978-4-938939-85-4

風雲舎の本

遺稿 **淡々と生きる**
人生のシナリオは決まっているから
小林正観

「ああ、自分はまだまだだった……」。天皇が元旦に祈る言葉と、正岡子規が病床で発した言葉は、死と向き合う著者に衝撃を与えた。そこから、到達した「友人知人の病苦を肩代わりする」という新境地。澄み切ったラストメッセージ。

四六判並製◎［本体１４２９円＋税］

がんと告げられたら、ホリスティック医学でやってみませんか。

帯津良一（帯津三敬病院名誉院長）

ホリスティック医学は、西洋医学だけでなく、漢方薬や気功、食事療法やイメージ療法、ホメオパシーやサプリメントなどの代替療法も取り入れ、自然治癒力を高めていこうという考えです。だから「もう打つ手がない」ということはないのです。極論すれば、打つ手はいくらでもあるのです。希望を捨てることはありません。

四六判並製◎［本体1500円＋税］

麹のちから！
麹は天才です。
山元正博（１００年、麹屋３代）
麹ドクター秘密のうんちく

食べ物が美味しくなる／身体にいい／環境を浄化する／ストレスをとる／
四六判上製◎［本体１４２９円＋税］

神様につながった電話
我《が》を消すと、神が降りてくる
保江邦夫（ノートルダム清心女子大学教授）

サムハラ龍王、次いでマリア様の愛が入ってきた。神のお出ましは何を示唆しているのか。

四六判上製◎［本体１５００円＋税］

ほら起きて！ 目醒まし時計が鳴ってるよ
並木良和（インディゴ・ヒーラー）

そろそろ「本来の自分」を憶い出しませんか。宇宙意識そのものであるあなた自身を。

四六判並製◎［本体１６００円＋税］

遺伝子スイッチ・オンの奇跡
「ありがとう」を10万回唱えたらガンが消えました！
工藤房美（余命一ヵ月と告げられた主婦）

「きみはガンだよ」と、著者は宣告されました。進行が速く手術はムリ。放射線治療、抗ガン剤治療を受けますが、肺と肝臓に転移が見つかり、とうとう「余命１ヵ月です」と告げられます。著者はどうしたか……？

四六判並製◎［本体１４００円＋税］

右脳の空手
左脳から右脳へ
68歳の工学博士が体験した右脳世界の豊穣。
大坪英臣（東京大学名誉教授）

力ではなく、心を使うのである。右脳の活性化で相手を倒すのである。その本源は「愛」と知った。

四六判並製◎［本体１８００円＋税］

サレンダー
自分を明け渡し、人生の流れに身を任せる
マイケル・A・シンガー 著／菅 靖彦・伊藤由里 訳

アメリカを代表するスピリチュアル教師《ティーチャー》の、気づきとその展開。読みだしたら、もう止まらない自叙伝。

四六判並製◎３３６頁［本体２０００円＋税］